是谁救了我

——打开问题学生的金钥匙

卞庆奎　编著

群言出版社
QUNYAN PRESS
·北京·

图书在版编目（CIP）数据

是谁救了我 ：打开问题学生的金钥匙 / 卞庆奎著

. -- 北京 : 群言出版社 , 2016.2

ISBN 978-7-5193-0064-7

Ⅰ. ①是… Ⅱ. ①卞… Ⅲ. ①中小学生－后进生－教育－研究 Ⅳ. ① G635.5

中国版本图书馆 CIP 数据核字 (2016) 第 055118 号

责任编辑：李青
封面设计：曾毅

出版发行：群言出版社
社　　址：北京市东城区东厂胡同北巷1号（100006）
网　　址：www.qypublish.com
自营网店：https://qycbs.tmall.com(天猫旗舰店)
http://qycbs.shop.kongfz.com（孔夫子旧书网）
http://www.qypublish.com（群言出版社官网）
电子信箱：qunyancbs@126.com
联系电话：010-65267783　65263836
经　　销：全国新华书店
法律顾问：北京天驰君泰律师事务所

印　　刷：三河市天润建兴印务有限公司
版　　次：2016年6月第1版　2016年6月第1次印刷
开　　本：710mm ×1000mm　1/16
印　　张：10.25
字　　数：160千字
书　　号：ISBN 978-7-5193-0064-7
定　　价：25.80 元

化腐朽为神奇（代序）

在我国 17 岁以下约 3.4 亿的未成年人中，保守地估计，有各类学习、情绪、行为障碍者超过 3000 万人，如何转化这些“差生”和“坏孩子”，的确是教育界的一个大课题。

这些问题学生是每一位家长和老师在教育教学中最为头疼的难题。许多家长和老师面对问题学生束手无策，气急败坏，讽刺打击，严厉惩罚，不理不睬……这些做法不但不起作用，反而将会把学生推向自暴自弃、走极端的深渊。所以，每一位家长和老师都应该对问题学生的教育引导重视起来，要关心他们，尊重他们，爱护他们，帮助他们，研究问题学生的成因，找到解决问题的钥匙，对症下药。相信他们是可以转化为好学生的。

美国著名心理学家罗森塔尔的“杰出人才”名单的故事或许能够给我们一些启发——

某日，罗森塔尔和他的助手来到一所学校，声称是来预测“未来杰出人才”的，经过一段时间的调查、研究，最后，他们向学校提供了一份将来有可能成为“杰出人才”的学生名单，并郑重要求校方一定要对学生名单严格保密，并声称，这个名单只能让校长和班主任知道，否则就会严重影响实验效果。

八个月后，罗森塔尔和他的助手再次到这所学校进行复查验收，并将学生名单公布于众。果然，这些学生都是学校出类拔萃的人物。而且有意思的是，他们之中一些原本成绩较差、表现不良的学生，现在也变成了全面发展的优秀学生。

教师、家长、学生无不惊叹他们的预测能力，认为这种预测真是“太神了”！

这些“杰出人才”究竟是如何预测出来的呢？在全体教师大会上，罗森塔尔揭开了谜底：原来他们上次根本就没有对学生进行任何预测，那张名单，其实是根据学校学生的花名册，采用随机等距离抽样的方法，即每隔 50 名学生抽取一个而罗列出来的。因此，在被抽取的学生中，没有掺杂任何人为的主观意愿。

那么，究竟是什么原因导致名单上的学生发生如此巨大的变化呢？

很简单，当班主任老师拿到杰出人才名单之后，会不自觉地对名单中提及的学生产生相当高的期望值，并在下意识中倾注更多的心血，教师的这种情绪影响到学生，能使其增强自信心，更加刻苦努力地改变自己，于是，“奇迹”产生了。

这个经典实验让我陷入了沉思：一份依靠“随机等距离抽样”炮制而出的“杰出人才”名单竟然化腐朽为神奇地让名单之中“一些原本成绩较差、表现不良的学生”全都变成了“全面发展的优秀学生”，这是不是也预示了通常被教师和家长所唾弃的“差生”和“坏孩子”只是相对的？只要施教者采取适当的教育方法与激励机制，一样能使他们成为杰出人才？

带着“如何才能有效改造孩子”的疑问，笔者开始了长达一年的奔波采访。通过与多位教师、家长和学生的交谈，获得了许多宝贵的第一手资料。采访过程中，我见到了许多杰出的教师和优秀的家长，他们为了将孩子培养成人可谓呕心沥血，听完一个个“误入歧途”的孩子被成功转化的感人故事，我的双眼一次次被泪水浸润；我还看到了许多张充满朝气的脸，他们滔滔不绝地向我表达着对恩师和父母的无限敬意，让我唏嘘不已。

没有差的学生，只有差的教师；

没有差的孩子，只有差的家长。

诚然如此，只要教育得当，每个孩子都可能成为未来的巴尔扎克、爱迪生、达尔文和达芬奇……

我希望通过书中所写的这些改变孩子命运的典型事例，让家长和老师能够平等对待每一个孩子，不要放弃对任何一个孩子的关爱，让每一个孩子都能成为杰出的人才！我也希望青少年朋友们读完本书后，能有所警示，并能积极主动调整好自己的人生航向，一路顺风！

目　录

和妈妈一起看电视 / 1

其实，妈妈平常很少让我看电视的，但恰恰是这次电视上的一档“警方视线”节目让我如梦初醒，改邪归正。否则，今天的我也就不可能坐在大学的教室里，说不定已经走上犯罪之路！

卖白薯的父亲感动了我 / 9

几年后的今天，我想起这件事仍不免感到后怕，尽管我爸爸至今仍不知道这件事，但是当初要不是他卖白薯的这一举动感动了我，我可能会一失足而成千古恨，更别提读什么大学了！

父亲的话改变了我的命运 / 19

如果不是父亲的一席话，我的命运将不堪设想。我后悔，我走了一段曲折的路；我更庆幸，我遇到了一位善解人意的好父亲。

妈妈的卖血单据 / 27

我永远不会忘记15岁那年经历的一场噩梦，更不会忘记那张写有妈妈名字的卖血单据，是它拯救了我，是它让我从迷茫中彻底醒悟过来，引我走进阳光地带。

父亲的一巴掌让我如梦初醒 / 35

我一直感叹人生无常，如果不是父亲那一巴掌让我清醒过来，今天的我也许就跟那位女生一样，只能在一所普通的中专学校里读书，感谢父亲，感谢他那爱之深责之切的一巴掌。

妈妈的书给了我力量 / 42

海伦·凯勒有一位称职的老师，我有一位伟大的母亲，她将海伦·凯勒迎进了我的生活中，也将光明和希望撒在了我的世界，让我重拾起了生活和奋斗的勇气。

父亲的话激励我一生 / 47

感谢父亲用朴实的语言为我的人生增添一笔宝贵的财富，父亲那句话将激励我的一生。我想，无论我遇到了怎样的挫折，都应该做一个不折不扣的卒子，永远选择前进。

父亲的电话挽救了我 / 54

我现在想想还不免心有余悸，3年前的那个晚上，要不是父亲给我来了一个电话，我床底下的那瓶硫酸可能已经泼到了同学的脸上，如果真是那样的话，我不仅毁了别人，也毁了我自己。

父亲的谈话给了我机会 / 63

在这里，我要感谢我的父亲，在我迷惘的时候是他无意间提起的那则新闻将我从死神的手中夺了回来，给了我一个重生的机会，给了我一个美好的未来。

妈妈给了我温暖 / 70

有了妈妈关心我、爱护我，我再也不用像个小乞丐似的受人鄙视与嘲笑，再也不用做拦路抢劫的勾当了。不敢想象，若是没有妈妈给我的那般温暖，今天的我该是怎样一种命运？

老师的善良融化了我 / 79

现在想想，我这人未免有些因祸得福。当初在课堂上用粉笔头砸老师，要不是英语老师的善良与宽容，我这等冥顽不化之辈也不会被感动，也不可能有我今天的优秀。我想说的是，谢谢你，英语老师。我更想说的是，对不起，英语老师，因为你至今还不知道，那天用粉笔头砸中你脑门的疯丫头就是我！

老师的“情书”给了我自信 / 86

我永远都不会忘记在自卑迷茫的岁月里，齐老师写给我的那封“情书”，是它给了我无尽的自信，给了我重新振作的力量。

老师帮我调座位 / 94

如今，我已是重点中学的高中学生，我的绘画还获得了国际大奖。我真的不敢想象，要不是初中班主任白老师那一次调座位，我的命运该是怎样的结局。

老师的表扬给了我希望 / 101

这么多年来，我第一次真正受到别人的表扬，而这个老师却是刚刚参加工作的一名大学毕业生，他让我感觉到了一丝难得的成就感。

老师的眼神让我无地自容 / 108

她只是安静地看着我，没有一点责备，没有一点埋怨，眼睛里充满了对我的怜悯和温和，她就这样一直地看着我，仿佛期待着我能够上前做点什么。或许她对任何人都是这样宽容，这是她的天性。最终我什么都没有做，只是傻傻地呆站在一旁，但我在她的眼神注视下却觉得无地自容。

老师的椅子给了我勇气 / 115

虽然前面的人生道路还很漫长，也许还有不少坎坷波折需要我去跨越，但我还是要感谢老师的那把椅子，正是在它的帮助下，我才有了重新站立的勇气！

老师的微笑给了我温暖 / 122

也许，这一笑是不经意的，也许，这是出于最基本的礼貌，然而，就是这一笑，给了我极大的鼓舞。那片刻间的对视，短暂的心与心的交流，好似一股暖流注入了我的心田，让我充满了信心。

老师的一封信改变了我的人生 / 128

如果当初没有班主任的那封信，也许至今我仍在醉生梦死，更不会实现自己考上邮电大学的梦想，是老师的那封信改变了我，使我拥有了光明的未来。

老师的话点亮了我的人生路 / 135

虽然我的学习成绩不算好，但是三百六十行，行行出状元，我还可以尝试在别的方面突破嘛，而写作正是我的强项，我何不尝试尝试呢？语文老师的那句并不经意的话恰恰为我指点了一条明路。

老师的话给了我尊严 / 142

听了老师的话，我的脸更红了，说实在的，这段日子无聊而荒唐的生活，已经让我的内心感到了深深的厌倦，老师的话更是触发了我对往事的思考，这堂特殊的班会也让我找回了难得的尊严，让我尝到了集体的温暖。

老师的品德感染了我 / 148

去年，经学校选送，几经角逐，我闯入了全国武术比赛决赛，并取得了专项亚军，站在领奖台上的那一刻，我激动地流下了泪水，如果不是武术老师以其崇高的品质教育了我，我恐怕早已酿成了不可收拾的大祸，根本不可能有这般幸福的时刻。

小莱，北京某大学一年级学生，小学时经常小偷小摸。

和妈妈一起看电视

其实，妈妈平常很少让我看电视的，但恰恰是这次电视上的一档“警方视线”节目让我如梦初醒，改邪归正。否则，今天的我也就不可能坐在大学的教室里，说不定已经走上犯罪之路！

作为一名法律专业的大学生，我清楚地知道偷盗不仅为当今社会道德所唾弃，更应该受到法律的严厉制裁，但是少不更事的我也曾是个不为人知的“惯偷”呢！

第一次作案的时候，我把偷东西简单地理解为“拿”东西。那还是小学一年级的时候，同桌买了一块香气四溢的“大白兔”橡皮，大约有火柴盒那么大，只要她将“大白兔”拿出来，我就能闻到一股心旷神怡的香气。我将自己那块表面已经擦得脏兮兮的橡皮紧紧地攥在手心，总有点拿不出手的感觉。那会儿，我对同桌羡慕万分，对那块“大白兔”橡皮更是垂涎三尺，我常想：要是它是我的该多好啊！我想向同桌要，哪怕是一半也行，但是她那么吝啬，怎么会满足我的要求呢？

正在我苦苦寻思的当儿，同桌哼着听不清歌词的曲子离开教室上厕所去了，我灵机一动，打起了鬼主意：算了，她不给我，我干脆自己“拿”来算了。

左右看看，没有人注意到我这边，赶紧将“大白兔”抓在手心，若无其事地塞进自己的鞋子里，我感觉自己的心跳在加速，脸蛋有点发烧的感觉，做完这一切，同桌突然从外面蹦蹦跳跳地回来了，慌乱之中，我的语文书竟然掉在了地下，不过幸好同桌没有识破我刚才的伎俩。

直到上课的时候，要用橡皮，同桌才突然发现自己的“大白兔”不见了，她在桌子上四处寻找，而我的心里却紧张得要命，看着她翻箱倒柜焦急的样子，我觉得有些于心不忍，但是此刻的我已是骑虎难下了，如果我从自己的鞋子里掏出“大白兔”的话，岂不正好证明自己是小偷了吗？那样的话就是跳进黄河也洗不清了，以后，别的同学就会瞧不起我，就没有人会跟我玩了！

下了课，同桌还在抽屉里焦急地寻找“大白兔”，我故意做出一副若无其事的样子，问：“喂，你在找什么呀？要不要我帮忙？”

面对我的关心，同桌的脸上露出感激的神色：“我，我的那块‘大白兔’橡皮不见了，你看见了吗？”

我自然说没看见，但我表示可以帮她找找看，然后假装蹲在地上仔细地找了起来，但我心里明白肯定是找不到的，但为了打消她对我的怀疑，我只能这么做。橡皮没有找到，那天同桌哭着回家了。

放学回到家，我从鞋子里取出那块“大白兔”橡皮，却总觉得它没有先前捏在同桌手里那么香了，心里一阵惆怅，干脆将它扔在自己的抽屉里，再也没有去理会它。

我偷了一件并不如自己想象中那么完美的东西。现在想起当时同桌那张委屈至极的脸，我就觉得后悔万分，说不定那块橡皮是她什么重要的人送的，否则，她也不会那般珍惜，而我却剥夺了属于她的快乐，实在是太不应该了。

更可怕的是，从那以后，我像着了魔似的，只要在别人那里看见自己心仪的东西，心里就活泛开了，手也显得有些痒痒的感觉，如果不得到手的话，心里就会觉得难受，睡觉也不安稳，连做梦都牵挂着。

第二次作案，我胆大包天地看中了班主任的钢笔，那是支“英雄”牌钢笔，有着好看的金属外壳，看着班主任画在我们作业本子上清秀的笔迹，我心里揣测着这支钢笔肯定不会错，我想将班主任的钢笔据为己有，但心里又未免有些不安，他毕竟是我的班主任，我这样做合适吗？

利令智昏的我终究没能抵挡住诱惑，我决定对班主任的钢笔下手。为了保证不被人发现，我悄悄地在心里拟定了作案计划，我激动得心里怦怦乱跳。

机会很快来了，有一天课后，老师将自己的钢笔搁在讲台上忘记带走，而课间操之后没有班主任的课，我心想：机会终于来了。

下课之后，我趴在桌子上假装肚子疼，好友关切地问我怎么了？我说肚子有点疼，他伸出手来摸了摸我的额头，惊讶地说：“哎呀，你发烧了！”

呵呵，我在心里觉得有些好笑，我何来发烧可言，你才发烧了呢，胡说八道！热心的好友立即抓住体育委员，说明了情况并且帮我请了假，我心里一阵狂喜，心想，真是天助我也。

虽然课间操只有短短的15分钟，但对于拿一支钢笔来说还是绰绰有余的，我不费吹灰之力就将班主任的钢笔拿到了手里，插在了课桌底下的木档中间，我知道谁也不会想到我的桌子底下有着这样一个秘密，但我还是有些不安，好像生怕钢笔会掉下来暴露目标似的，上课的时候经常忍不住伸出手去摸那支笔还在不在。

后来，那支笔被我放在书包里背回了家，放在自己的桌子上一直用了大半年，直到它的笔胆破了，再也没法用了，才将它扔掉。

而老师呢，对这件事似乎根本就没有半点觉察，他连找都没找，也许是因为一支钢笔对于大人来说只是一件小得不能再小的玩意儿，实在没有大动干戈的必要，又或者他自己已经忘记了，也说不准是在哪儿丢了，所以只好作罢。

能够轻易得到自己想要的东西，虽说需要承担一些风险，但我至今不是安然无恙吗？这以后，我的胆子渐渐大了起来，因为我觉得其实“拿”人家东西也没什么，只要我平时表现得好一点，再将成绩搞上去，即使偶尔来这么一两次，也不会有人发现，或是怀疑到我的头上。这两次成功的经验不正是个很好的说明么？

这以后，同学的笔记本、随身听、名牌钢笔……只要我看上的无不顺手牵羊地占为己有。有一次我竟然将班上的篮球弄回了家，妈妈觉得很奇怪，问我篮球是从哪儿来的，是不是跟别人借的？并嘱咐我对别人的东西一定要爱惜，如果弄坏了就不好交代了，那样会影响朋友之间的友谊。

我故作轻松地回答道：唉，你别瞎操心了，这我还不知道吗？这个篮球是别人送给我的！

“送的？”老妈的语气里满是疑惑，她似乎不相信这是别人送给我的。

我脸不红心不跳地说：“难道你还不相信自己的儿子么？别忘了，过两天就是我的生日，我的好朋友家里有两个篮球，就把它当作生日礼物送我了！”我洋洋得意地说着，面对一向乖巧听话的儿子，面对我信誓旦旦的话语，老妈自然是深信不疑，她还对我说等生日那天请人家到家里来吃饭。我说，不用了，好朋友之间还吃什么饭呀，太俗了！

那件事的最终结果是，班上最后一个拿篮球的同学负责赔偿。因为老师和同学们一致咬定东西由他最后一次过手，现在不见了，肯定是他弄丢了，自然也应该由他来赔偿！看着同学眼里满含着委屈的泪水，我的心里也泛起了一种难以言喻的罪恶感，如果我没拿篮球的话，他也就不会被人误解，更不会受到这样的委屈了，可是开弓没有回头箭，即便我将篮球拿回来，也没有办法自圆其说。

说实在的，因为偷盗，我的心里也没少背包袱，特别是拿了别人东西之后的那段时间，一方面害怕自己行事不周，事情暴露无脸见人；另一方面内心也在忍受着良心的谴责，我一直在拷问自己：这样做究竟对不对？很明显，这样做是不对的，但我总是无法控制自己，因此心里一直满是自责、怨恨。

其实，我也想像别人一样，坦白自如地生活在阳光之下，可是我的心理已经不自觉地变得阴暗了起来，我常常想，也许，也许我已经回不去了，还是听之任之吧，于是我一天一天地向罪恶的深渊滑去……

常在河边走，哪能不湿鞋？有好几次，我几乎就要暴露了。

有一天，我骑着自行车到学校，看到旁边有一辆跟自己的一模一样的自行车，真是巧合得很，连车篓都一样，只是没上锁而已。其实这也不值得奇怪，自行车流水线难道只生产一辆么？当时我灵机一动，一个“奇特”的念头产生了：我跨上那辆陌生的自行车就走，心里想着我今天先把这辆自行车骑回家，明天再将自己的骑回去，那样不就等于赚了一辆车吗？想到这里，我的心里一阵狂喜。

我坦然地跨上那辆车，没走两步，后座突然被人抓住，我诧异地向后一望，只见一个高年级的同学正怒目圆睁地看着我，呵斥道：“你想干什么？偷自行车么？哼，终于被我抓住了，跟我到学工科去！”

说完，他就要将我扭送到学工科，我一时急了，赶紧辩解：“这是我的自行车，不信你看！”我手中摇晃着钥匙，可低下头去，“忽然发现”他的自行车竟然没有锁，又何来钥匙可言？只得诧异地抓抓头皮，放下自行车，走到自己的车前，骑上车说：“对，对不起，我看错了！”

但对方依旧不依不饶，说自己前些天已经丢了一辆自行车了，如果这次不是及时发现的话，恐怕又要“惨遭毒手”了，非要跟我一起去找老师，求得公道处理。

听了那个男生的话，我的心里很慌张，生怕事情败露，背上罪名。但是为了不至于给人留下做贼心虚的坏印象，我还是硬着头皮跟他一起到学工科去了。

说来也巧，那天我们班的班主任也在，看到我和一个陌生的学生每人推着一辆几乎一模一样的自行车走来，班主任显得颇为诧异，不知道我究竟在搞什么名堂。等我态度诚恳地说明事情的原委之后，班主任朝学工科主任一笑，招呼说：“你别用那种眼神看我们班学生，这是我们班的种子选手，你不要伤害别人的自尊，他怎么会做那样的事呢？他们俩自行车一模一样，别说他，就是我一时之下，也难分辨出来……”

因为班主任的开脱，我得以全身而退，若无其事地回到了家里，倒是那个“诬陷”我的学生受到了学工科老师的批评，他本来学习成绩就不好，平日里喜欢惹是生非，老师早就看他不顺眼了，将他训斥了几句，打发走了。

这件事情之后，我怕过分引人注目，颇为乖巧地蛰伏了好久，我想如果自己再不变乖一点的话，说不定哪天真的被抓个现行呢，那样的话可就糟了。

但是潜藏的毒瘤生长在体内，总有一天会“毒性发作”。果不其然，过了一个学期之后，我又江山易改、本性难移了。

不过，这次我做的事情着实有些大了点。

那天班上一个同学拿了他老爸的手机到学校来炫耀，他们家很有钱，听说他爸爸是什么公司的老板。

然而不幸的是，我看上了那部小巧的手机。那时的手机放到现在来看，已经是不值一提的“大家伙”了，白送别人恐怕都没人要。但那时，的确还算挺先进的，怎么着也得要好几千块才能买得到吧！

我一边挤在人堆里看新奇，一边就在心里琢磨开了：究竟怎样才能将这小子的手机弄到手呢？正当同学们围上前去兴高采烈地欣赏手机的当儿，我却陷入了深深的思索之中，我想了N条战略，但始终不能得手，因为太容易暴露了，毕竟那部手机是今天全班同学关注的焦点。

快放学的时候，机会来了，那家伙突然邀请好几个同学去公园拍卡片，我想都没想就跟着去了，拍卡片是体力活，有时候在桌子上几乎拍破手掌才能赢回来一张，但我们对于这个游戏却乐此不疲。我知道那部手机此刻正躺在那名同学的书包里，大家都在忙着拍卡片，谁也没想到我心里还在打着手机的主意。趁他们几个激战正酣的当儿，我将手机从同学的书包里掏出来，我随意地说要去小便，便离开他们，然后将手机藏在了草丛深处，估计没人会发现，这才折返回来，跟他们继续玩了起来，整件事情做得神不知鬼不觉，太阳落山的时候，大家才分手，我也若无其事地“回了家”。

走到半路上，我又跑了回来，找到了手机，将它塞进自己的书包里，心里像揣着只兔子似的七上八下。

回到家后，我早早地吃完饭回到房间，躲藏在被窝里，悄悄地玩起了手机，心里既好奇又紧张，要知道，那时候我爸爸和妈妈都还买不起手机呢！

正在这时候，妈妈敲起房门，问我：“蓬莱，你的作业做完了吗？”

我赶紧将手机塞到自己的枕头底下，哆哆嗦嗦地应道：“哦，哦，早就做完了！”

妈妈推门进来，用不相信的语气问我：“我看你就没做完，不然的话为什么回答得不大干脆，还躺在床上？拿来给我看看！”

我指着自己桌子上的本子说：“喏，就在那里！”

老妈检查完了作业，心满意足地走了出去，我刚想躲在被窝里仔细把玩手机，这家伙突然响了，几乎把我吓了一大跳，赶紧将它捂在被子里。

这一声铃响吓出了我一身冷汗，试想，如果老妈迟走三分钟的话，我的事情岂不是要当场败露么？若是那样，我便是浑身是嘴恐怕也无法自圆其说了。

我暗自庆幸，幸亏没被发现啊！

第二天是星期六，我起得很晚，因为昨天晚上玩弄手机折腾得实在太晚了。直到老妈催促我起床的时候，我才不情愿地爬了起来。

一整天都过得浑浑噩噩，总想回到自己的房间里把玩手机，可是老爸老妈都在家，实在太不安全了，这样很容易暴露目标的，想来想去，只好作罢。

到了晚上，我关上门，打开台灯，装作认真做作业的样子，其实是给自己玩手机做伪装，也许是因为我玩的时间太长了，门外响起了妈妈的声音："蓬莱，还在做作业啊？今天作业怎么这么多？"

"嗯，就快做完了，两分钟，两分钟！"我抬头一看，已经九点了，难怪妈妈要催促呢，以往这个时候我都快睡觉了。

"不要太累了，出来看看电视放松放松！"妈妈关切地说。

我躲在房间里玩手机，妈妈还让我放松放松，多好笑啊！但我还是很听话地来到了客厅，跟着爸爸妈妈一起看起电视来。

坐在客厅的沙发上，妈妈满含同情地对爸爸说：其实现在的孩子也不容易，从小压力就这么大，你看，咱们家的蓬莱，做作业都做到这个时候，长期待在房间里那还不得把脑子憋坏呀！

其实，平日里，因为担心影响我的学习，妈妈很少让我看电视的，这一次妈妈却主动让我看电视，而恰恰是这一次的电视节目，彻底地教育了我，改变了我。

那天，电视里正放着一个专题节目，讲的是一个优秀少年的堕落故事。这个少年从 13 岁起开始偷东西，第一次拿了邻居家的一块电子手表，值不了几个钱，因为没被人发现，从此凭借侥幸心理染上了恶习，变得更加胆大妄为起来，什么东西都敢偷，后来渐渐发展为入室盗窃，拦路打劫，最近因为抢劫时失手杀人被警方逮捕。

面对镜头，穿着囚衣的他流下了忏悔的泪水，还说如果能够从头开始的话，他绝对不会选择这条不归路，绝对不会杀人……

电视评论员在一旁语气沉重地插话：可惜，这时候才知道后悔已经太晚了，等待他的将是法律的严惩……

现在看来，这样的新闻并不新鲜，可当时的我听来却感觉有无数条鞭子抽打着自己，我真担心有一天，自己也像那人一样最终走向穷途末路，以一颗枪子结束了自己短暂的一生。

妈妈随口说道，这个案例教育我们一定要努力做一个诚实正直的好人，别人的东西再好，也始终是别人的。所以我们绝对不能存有任何不劳而获的念头，至于偷窃那就成了一种犯罪。

那一夜，我躺在床上翻来覆去地睡不着，我想，一个人不是一下子就变坏的，他是由一件件小事慢慢发展起来的，正如大偷是从小偷开始的一样。我既然能从偷一块橡皮发展到偷手机，终有一天，我就会偷汽车、抢银行，想想未免太可怕了。

我想，我是真的错了，那么从现在开始，我就应该做一个正直善良的人，我应该将手机还给同学，毕竟它不是我的，不是自己的东西，就是再好也不能要。

星期一早晨上学，我去得很早，妈妈问我怎么起得这么早？我说自己想去学校提前做值日，实际上只是找准机会悄悄地将手机塞进同学的抽屉里。做完这一切后，同学们才陆陆续续地来到了班上，而我却觉得今天的阳光是如此的灿烂，我问心无愧地坐在教室里，心情格外轻松。我彻底改变了小偷小摸的习惯。

其实，妈妈平常很少让我看电视的，但恰恰是这次电视上的一档“警方视线”节目让我如梦初醒，改邪归正。否则，今天的我也就不可能坐在大学的教室里，说不定早已经走上犯罪之路！

金钥匙

说者无心，听者有意。父母并不知道自己的孩子习惯了偷盗，但是他们鲜明的是非观点却影响到了他，促使他自省，并进一步改正自身的缺点。

在家庭教育中，父母千万不可掉以轻心。别担心孩子嫌你啰嗦，该说的要说，该劝的要劝，要真正做到防患于未然。

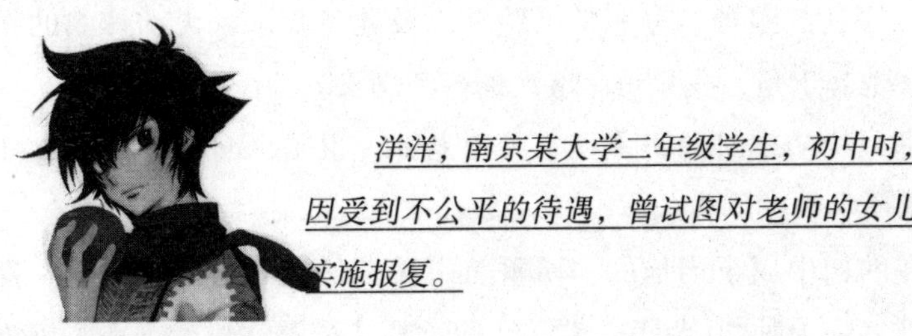

洋洋，南京某大学二年级学生，初中时，因受到不公平的待遇，曾试图对老师的女儿实施报复。

卖白薯的父亲感动了我

几年后的今天，我想起这件事仍不免感到后怕，尽管我爸爸至今仍不知道这件事，但是当初要不是他卖白薯的这一举动感动了我，我可能会一失足而成千古恨，更别提读什么大学了！

从初中毕业算起，到今年我读大二，已经整整五年了，这期间我曾多次想过要回母校看看，可每次只要一想起那个可恶的刘老师，想起她尖刻的话语、锋利的眼神、丑恶的嘴脸，以及她对我永远无法抹去的伤害，就会感到一阵酸楚。于是，我只得一次次地打消念头。

刘老师是我初中时的班主任，英语老师，也是当时的年级部主任，据说现在已经是那所学校的副校长了。

我所在的初中属于当地的一所重点中学，师资力量相当雄厚。我听人介绍说班主任刘老师为师20余年，教学经验丰富，英语学科能力在本市难以有人与之匹敌，感觉自己总算遇到了一位好老师，心里充满了欣慰。

要说，我不是个调皮的孩子，学习成绩还算优秀，在整个年级里至少能排个前二十名，但让我没想到的是，因为一件小事竟然遭受了刘老师那么尖刻的嘲弄，从此，我的噩梦降临了。

我出生在一个小县城里，家里经济十分拮据，一直到初中二年级，仍旧连一双皮鞋还没穿过，上了初三，父母为了鼓励我考重点高中，于是省吃俭用，为我买了一双棉皮鞋。我对这双鞋甚是爱惜，这是我有生以来第一次穿皮鞋啊！

我穿上不到一周，有一天晚上下大雪，皮鞋上粘了一些泥点，我好心疼，我将它脱下来仔细擦干净之后放在了宿舍窗台上，然后穿上旧的棉鞋上晚自习去了。下了自习，我回到宿舍，发现宿舍门虚掩着，心中顿生不祥之兆，再看窗台上的皮鞋，早已不翼而飞。我的头“嗡”的一下，霎时脑海里一片空白，险些摔倒。当我静下心来时，同学们也都回来了。知道这个情况后，他们开始帮我找，哪还找得到啊！连门锁都被人撬了，更别提窗台上的鞋子了。室长聪明，马上向值班室汇报了情况。值班室的老师紧急下令“戒严”，开始对各宿舍逐个搜查，可最终还是竹篮打水一场空。

值班室老师把我叫到办公室，语重心长地对我说：“既然这件事已经发生了，你就不必太放在心上，毕竟你的主要目的是学习，我相信你不会被这件小事所累而放弃自己的追求的。”他拍了拍我的肩头，接着说：“老师坚信你会勇敢地面对这些！”我眼含着无限感激的热泪，点了点头。

皮鞋丢失以后，我不仅没有消沉下去，反而更加努力了，为了考上重点高中，我重新拟订了学习计划，准备从第二天开始4点半就起来背诵外语单词。我调好了闹钟，放在枕边。闹钟准时在4点半把我叫醒了。我睡眼惺忪地穿好衣服，轻轻地走出宿舍，下楼一看，楼门紧锁着。我敲开值班室的门，值班老师连眼皮都没抬，说："还没到时间，5点开门，先回去吧！"我无奈，只得回去。到了宿舍门前，伸手想推门，再一想室友都很累，不要打扰他们了，索性走到楼道的窗户前，站在那里，从窗户的缝隙吹进彻骨的寒风，使我的睡意顿消，我揉了揉眼睛，朝外望去，只见外边一片洁白，天上正飘落着鹅毛般的大雪。眼前的这般景象不禁又让我想起不久前的那场大雪，我又有点心疼那双皮鞋了。这时，听到楼梯上有脚步声，再看表，已5点了，我急忙下楼向教室走去。这个早晨我仿佛看到了前方有一片曙光在闪现，劲头十足，学习时十分投入，精力集中，学习效果很好。吃完早饭，我仍沉浸在一种高昂的情绪中，连走路也在想着功课。这时，迎面走来同宿舍的阿勇。他走到我跟前，说："值班室老师叫你，说有急事。"说完头也不回地匆匆走了过去，脸色有些异常。我心中预感不妙，难道又发生了什么事不成?

我好像怀揣着一只兔子，心中忐忑不安。到值班室一看，办公桌右边坐着值班室老师，左边坐着班主任刘老师，他们看我走进来，都不约而同地对我审视着，面孔冷若冰霜，目光中带着威严，使我全身有些不自在，觉得他们要从我身上挤压出点什么，不禁警觉了起来。

值班室老师瞟了我一眼，说："听说你今天起得特别早，而且以往从来没有起过这么早。你知道吗?就在今天早晨，你们宿舍阿勇新买的那双皮鞋不见了。"

我听得出来，值班室老师的矛头已经指向了我。还没等我开口，坐在左边的班主任刘老师搭了腔："我知道你家里很贫困，买一双皮鞋确实不容易。就那样丢了谁也不会甘心，放在我身上也会这么做。'金无足赤，人无完人'，只要知错就改，依然是好学生嘛！"刘老师说完，看我没反应，又说："我们可以许诺，一定替你保密。你把鞋悄悄放回原位，要么写个纸条说放在那儿，我去取，怎么样?"

听罢班主任的这一番话，我心如刀绞，只觉得浑身在战栗。我真怀疑，坐在我面前说出这番话的是不是她，是不是我看错了人?然而，这确实是我尊敬无比的班主任刘老师。我的双眼有些湿润，不知是缘于悲愤还是委屈，我苦笑了一声，说："那双鞋我没拿。如果你们怀疑我偷了，那就拿出证据。否则就是侵犯他人名誉权！"我不知从哪里来的这么大的勇气，这些话不是说而是喊出来的，让我自己都感到惊讶。然后，我就打开门，扬长而去。其结果可想而知，我被停课了。

此后，班主任刘老师三番五次找我谈话，对我软硬兼施，但我据理力争，我不能承认没做过的事。

俗话说得好，“好事不出门，坏事传千里。”不久，皮鞋事件闹得满城风雨，一时间，这成了校园内外的热点话题，我的“知名度”也与日俱增，走在校园里，我觉得每一个人的目光里都隐含着鄙夷和嘲讽。

此后，刘老师对我的态度很差，没有好脸色，没有好言语，而我，也只能默默承受着种种委屈和郁闷。

面对突如其来的压力，我的精力被分散了，学习成绩下降得极快，随即决定命运的分班考试来了，我很重视，一再告诫自己这次绝不可掉以轻心，但考试的结果却让我傻了眼，后来我查了试卷，是老师计算分数出的错，单科成绩都是对的，但是合计的时候少了三十分。然而当我找到刘老师的时候，她却蛮不讲理地说分班已经定下来了，不就是三十分吗？要是你有本事考了第一，绝对不会分到普通班去的！

就这样，我被分到了普通班，仅仅因为少了那三十分，我的命运被她一手改写。不过，这却是一波三折的开始。

我在普通班很努力，因为少了来自原班主任刘老师的压力，所以成绩上升很快，加上普通班的班主任对我很好，所以，我考了全班第一，在整个年级排名第十五，比重点班的很多尖子们考得都要好。学校校长亲自将我调回了重点班，当时重点班的班主任正是刘老师，回到重点班之后，很多熟悉的面孔微笑着迎接我，而我，却看到了她铁青的脸。

没有几天，她就又一次找我谈话。

原来是因为重点班有两个跟我特别要好的女孩儿有了男朋友，她怀疑她们跟男生谈恋爱是我牵的红线，我在她眼里成了她们的“红娘”。

我否认自己曾经参与过这些事，坚决地否认，可是刘老师却不放过我，她认为我有劣根性，有“前科”，我无言，泪水又一次滑落，可是她却说不用装委屈。

回到教室，好朋友给我跪下了，她让我帮她担下这件事，不要让老师知道是她主动去找那男生的，就让老师认为是我牵的红线吧！我问她，难道这就是你所谓的友情吗？

我这人心软，虽然当面质问她，却没有在老师面前揭开事情的真相，一个人暗自背下了这个“红娘”的罪名。

说实在的，老师对学生早恋的过激态度我是可以理解的，但我万万没有想到，他们早恋，我却成了受害者，还得无奈地接受老师严厉的批评，甚至可以说是责骂。

终于，我又一次因为成绩差被转回了普通班。这之后，我心里仅存的一点上进心也被刘老师打消了，特别是对她教的英语课几乎完全失去了信心，我受不了她的刁难，没有认真地听过她的一次课，完成过一次作业，于是开始逃课，只逃英语课和语文课，为什么逃语文课，是因为我是语文课代表，而且语文是全级部第一名，我在语文课上躲进宿舍里写日记，而语文老师却并没有责怪我的意思，他说只要我成绩保持住就可以。

可是，我只有语文成绩好。别的成绩都开始下滑，英语成绩最终掉入全班倒数第一名，我在普通班的位置也排到了十名开外。

我突然觉得好凄凉，我只能在普通班里苟活，连信件都经常会被学生会的同学给弄丢，他们说我们普通班的信不归他们管，丢了是白丢。

身为差生，平日里受到别人的种种鄙视常常让我不寒而栗，每晚做梦都会梦到许多不堪回首的事情——尽管心中有许多想法和构思，却一直藏在内心深处，好羡慕那些“风风火火”的同学，他们的脸上总是挂着笑容，面对紧张的初三他们可以一笑了之，而我却只能躲在角落静静地发呆。

期中考试刚完，刘老师突然叫了我的名字。我觉得很惊讶，她找我能有什么事？她现在不过是我的课任老师，难道还想对我怎么样？

“准没好事！”我轻声嘀咕着，硬着头皮慌慌张张地来到了她的办公室，远远看见刘老师脸上一片“乌云”，我真难以想象当时自己是怎样走到她身边的。

“洋洋，你是一个懂事的孩子，继续上学一定是你的梦想，对不对？”刘老师轻轻地拍着我的肩，当时我真的很感动，一直以来，我习惯了刘老师对我的恶语相向，今天她却破天荒地对我如此温柔，真的让我有点受宠若惊。

“老师，我会竭尽全力考上更好的学校的！”我对刘老师表明了自己的决心。

“老师知道你已经尽力了，现在我有一个好方法，既能让你不用中考，又能让你上理想的学校。现在我手里只有几个名额了，机会有限呀！”刘老师还在不紧不慢地说着，“作为级部主任，我跟你们班班主任也探讨过了，觉得你是最合适的人选，将来一定会大有出息的！”

我在想，是不是老师良心发现，用这种方法来补偿我呢？

天真的我还以为这是天上掉下的馅饼，但万万没有想到自己正一步步走入“死亡”的深渊。

“这家技校不错，你只要去参加他们的培训班，不用参加考试照样能录取！”

刘老师拿着那张招生简章对我说。

我一听被刘老师说得天花乱坠的那所学校竟然只是一所普通得不能再普通的技校，顿时心里一沉，口中吞吞吐吐地说："可我想通过自己的努力试一试！"

刘老师明显觉得我不识抬举，立马拉下脸来，恼怒地说："那好吧，你是不见棺材不掉泪！"她当下给了我一个白眼。

接下来的日子可想而知，她没给我发参考资料，没批改我的作业，甚至指名道姓地不让重点班的同学和我玩，还时常在我们班若有所指的来上几句"现在的人呐真没有自知之明，一棵烂草还想扶上墙！"

当时的我受不了那种孤独和被抛弃的感觉，心想还不如到技校去呢！

回家后我与父母彻底地谈了，他们竭力反对我当一个逃兵，可就在我说出自己的无奈、压力时，他们妥协了，父亲只说了一句话，至今我仍然记忆犹新，"只要你快乐，我们就快乐！"于是乎，我"光荣退休"，来到了那所技校，开始了我的"留学生涯"。

再次走进级部主任刘老师的办公室似乎是要她盖什么章，她依旧是热情地接待，深切地恳谈。只是她非常官僚主义，在签字前不厌其烦地向我宣扬了这全是自己的功劳，如果不是她为我指了一条明路，我哪有这么好的捷径可走？我的脸上挂着木然的笑。

就这样，我连中考都没考就进了技校。进校之后，我才明白这到底是所什么样的"好"学校！

在此之前，我一直认为中专应该跟大学差不多，那里一定有十分活跃的学生，有各种团体——什么文学社啦、漫画社啦等，所有的一切都比枯燥的中学生活有趣得多。另外，我读的是"计算机专业"，爸爸说这个专业在社会上非常吃香，将来容易找到好工作。美好的前途在向我招手，我怎么能不开心呢？我甚至想得更远——有一个长得像董洁的女生，和我偶然相遇，于是我们就好上了……我开心得笑出声来，这一切，在以前我可是想都不敢去想的呀！啊，感谢中专！

可是，当我来到这所学校的时候，我的热情一下子被泼上了一盆凉水：这是我想象中的鸟语花香的学校吗？歪歪倒倒的大门，上边挂了一个大牌子，牌子上写着：某某初级中学。大牌子的旁边有一块小牌子，小牌子上面才写着我们这所中专学校的名称，我很纳闷——这到底是怎么回事？

走进学校，就更令人失望：校舍破败不堪，操场上垃圾和破塑料袋四处乱飞，整个学校看起来毫无生气。我不能够想象，这里将是我度过三年中专生活的地方！心里简直有些哭笑不得！

爸爸妈妈听到我的牢骚话，劝我说，管它校园好不好呢，咱们是来学习的、拿文凭的，又不是来休养的。我只好垂头丧气地跟着父母去报了名。来到寝室，天呀，这里简直就是电影里的贫民窟——房间里摆着几张破旧的小木床，窗户上的玻璃都没了，只用塑料纸糊在窗框上，连乐观的爸爸妈妈都不禁皱起了眉头。唉，有什么办法？为了那个前途光明的计算机专业，我就豁出去了，宁愿住在这里与耗子为伍。

后来我才了解到，这所中专学校很难招到人，每个学生几乎都是被自己的老师和亲戚花言巧语“骗”到学校来的，据说，每介绍一个人，他们能从中得到600块钱的介绍费，听到这话以后，我一下子呆住了，这么说，刘老师是为了600块钱的介绍费才把我逼到技校来的？

技校的生活的确不妙，校舍是借用了初级中学的，学校里也没有几个固定的老师，来给我们上课的老师都是从外面请的，请来的老师对我们总是一副“事不关己”的表情，让我们看了好心凉。如果我们对某个问题提出更深的疑问，老师就会说：“这个问题，应该是本科生学的，你们中专生，学到这里就可以了，讲深了，你们接受不了。”说得我们好不自卑。

可恨的是，一个多月过去了，我们这些学计算机专业的，却连计算机都没有摸过，老师上课尽讲些计算机理论知识，我听得云山雾罩、不知所云。

终于有一天，允许我们上机了。机房里只有很古老的486、586电脑，可现在社会上普遍用的是windows98，再不济也是windows95。我不明白为什么学校要教给我们已经被淘汰了的知识？而且每次上机，还必须交纳一笔额外的“上机费”。

周围的同学都不是“尖子生”，他们简直是“流氓”，吸烟、泡妞、说脏话、打架，可谓是四项全能啊，其中还有一些人自发组成了“色狼队”，现在想起来都让人不寒而栗。

我不敢想象，如果继续在这所无望的中专学校硬撑下去的话，将会出现怎样的结果。

万般无奈之下，我向家人坦白了自己目前的处境，爸爸叹了口气说：“我也听说了，你们学校的确不行，这样下去恐怕会耽误你的一生，要是实在不行的话不要勉强，咱们重读初三吧！”

再次进入初三，我就必须与下一届的学弟学妹们平起平坐了，原本以为重读是件很简单的事，却因为刘老师不怀好意地从中作梗，而显得错综复杂。

她先是要求对我进行再入学的资格考试，只有通过了考试，我才能顺利就读。

为了自己能够拥有一个光明的前途，为了能够给爸爸妈妈争口气，我顶着压力认真复习功课。

几场考试下来感觉良好，接下来是在家里等分数，一天两天过去了，终于得知我通过考试的消息之后，我高兴得跳了起来，父母也笑了。

第二天我和父亲雄赳赳地来到学校，可人算不如天算，学校要让我们交5000块钱的插班费！

为了把我骗出学校，当初刘老师不惜一切手段，可如今重读初三，又要交什么插班费！这是她设置的又一个陷阱！天哪！她简直是“恶魔”！“恶魔”！

说实在的，当时我们家并不富裕，爸爸下岗了，仅仅依靠妈妈每个月微薄的薪水过活，最近妈妈身体不好刚动完手术，出院后每个月光买药就要花1000多元，上个月刚好办了病退，每个月还要还房款，哪还有钱交插班费呀！

可我最终还是入学了，从始至终，我一直都没敢问家里从哪里弄来那么多的钱。

那些日子，我发现爸爸每天回来的都特别晚，有时候直到晚上11点还不见踪影。我觉得有些奇怪，问妈妈：爸爸到哪里去了？怎么这么神出鬼没的？妈妈说：爸爸出去挣钱，供你上学啊！

听了妈妈的话，我的心里顿时涌起一股强烈的罪恶感，说实在的，重读初三以来，我的境况并没有多少改善，我的心里乱糟糟的，对着书本甚至完全不知道黑板上写的是什么，老师究竟在说些什么，我认定自己已经是个没有希望的人了，爸爸妈妈还要在我的身上浪费心思，自己于心何忍哪！

看看爸爸妈妈被生活所逼，日益苍老的那张面孔，我的心里突然升腾起一股无名之火，爸爸妈妈之所以要如此疲于奔命，我之所以如此狼狈，这一切的一切都是刘老师造成的！

我对刘老师恨得咬牙切齿，决定实施报复，我要她为自己的狭隘、自私、丑恶的灵魂付出惨重的代价，思前想后，我决定对她下黑手。

可是很快我就发现，我的想法不太现实，毕竟她是大人，我一个学生想对她怎么样似乎有些不可能，忽然，我想到了刘老师有个女儿，她不是经常带女儿到学校来玩吗？哼，我对付不了她，我还对付不了她的女儿？你不是心疼自己的宝贝女儿吗？我要把你的宝贝女儿弄死，这样也算出了口恶气，咱们也就扯平了。

接下来的那个寒假，我从地摊上花5块钱买回了一把尖刀藏在床底下，没事的时候就跑到“刘恶魔”家附近的楼前转悠，只等她女儿单独外出的时候伺机下手。

有一天傍晚，我又“溜达”到了熟悉的目的地，突然，我发现“刘恶魔”牵着她女儿的手走了出来，好机会，没准待会儿我能拣着空儿把问题解决了呢！我的心里一阵激动，忽然觉得藏在夹克里的尖刀硬硬的，我的眼睛渐渐被复仇的火焰烧红，我在心里告诫自己：一定不要手软！一定不能心慈！你忘记她是怎么害苦你，害苦你一家人的吗？

“刘恶魔”绕过两道小巷子，拐进了一个十字路口，突然停下了，我听到一声奇怪而熟悉的叫卖声：“烤白薯嘞！又香又甜的白薯！”……

听到声音我一下子愣住了，这个声音怎么这么熟悉？只听烤白薯的在和刘“恶魔”说话——“刘老师，您的女儿长得真可爱，来，给你一块尝尝！唉，算了算了，给什么钱哪！我们家洋洋还全靠你关心指导呢！”

……

那个烤白薯的不是别人，正是我的爸爸！我脸上的表情顿时凝固，早已忘记了自己跟踪已久的目标究竟是何时消失不见踪迹的。

泪眼婆娑中，我凝望着在冷风中站立的爸爸，他的身影显得那么的渺小而茫然无助，那张已经有些皱了的暗黑的脸对我来说是如此的熟悉，他将双手插在袖筒里站在十字路口断断续续地叫卖着，很长时间都无人问津，寒风卷着他的乱发，简直就像是一堆杂乱的稻草，他用袖子擦了一下因天气过于寒冷而挂着水滴的鼻涕……顿时，我的鼻子一阵酸胀，泪水几近夺眶而出。

我大踏步走上前去，将爸爸的红薯往篮框里收，嘴里叫着：“爸，咱们回去吧！”

我的突然出现，让爸爸有些吃惊，也很尴尬，他从来都没对我说过每天晚上那么晚回来其实是在外面卖烤白薯。但他很快反应过来，不高兴地说：“唉，你这孩子，怎么能这样呢？你不在家好好做作业到我这儿来捣什么乱？今天还早着呢，短短两个小时我就卖了五块白薯，怎么着也挣了4块钱吧！你先回去！我早点回家就是了！”

我哽咽地叫了一声：“爸”！说完这句话，我泪流满面。

爸爸似乎有些生气了，态度粗暴地对我说：“你怎么这么不听话呢？磨磨蹭蹭的，真不知道想干些什么？是不是饿了？给，这是烤好的白薯，吃起来味儿香，今儿个高兴，给你妈也带一块！”

捧着爸爸塞到我手里的烤白薯，我无言以对。

走在回家的路上，我心情懊丧而沉重，忽然意识到，自己如果成了杀人犯，蹲了大狱，爸爸妈妈不是要伤心欲绝？他们的希望不全都落空了吗？

想起自己在学校里整天浑浑噩噩的窝囊相，再想想爸爸妈妈望子成龙那双渴盼的眼睛，还有寒风中爸爸立在路口烤白薯的身影，我是多么的不孝啊！我辜负了他们对我的一片苦心，我辜负了他们对我的深切期望，我要苏醒，我要以自己的实际行动来回报自己的父母。

几年后的今天，我想起这件事仍不免感到后怕，尽管我爸爸至今仍不知道这件事，但是当初要不是他的这一举动感动了我，我可能早就成了一名杀人犯，更别提读什么大学了！

此后，每当我在学习上有所倦怠或者松懈的时候，我就情不自禁地想起爸爸在寒风中卖烤白薯的身影，它就像是一根结实的皮鞭，鞭策着我认真学习，永不低头。

尽管，偶尔“刘恶魔”还会为难我，但我已经有能力控制自己的情绪，对她的无理取闹视而不见，如果我受了她的影响的话，那不正好让她的阴谋得逞了么？为了使她的阴谋彻底破产，我必须奋发图强，用最好的成绩来回击她！

中考之后，我以全校第二名的好成绩被市重点中学录取，三年后，捷报再次传来，我考上了渴慕已久的南京大学，现在的我是学校里的活跃分子，经常在学校组织的各种活动中露脸，俨然一个校园“小名人”。

今年暑假的时候，有一天我和爸爸到菜场买菜，突然撞见了刘老师，当她得知我考上大学这个喜讯之后，先是有些惊讶，而后居然一改吃惊的表情，笑嘻嘻地说：“我就知道洋洋是个有志气的孩子，现在出息了不是！”

听了她的话，我的心在哭泣，我真不知道她到底有几张面具，哪一个才是真实的自己？

金钥匙

“可怜天下父母心”这句话在洋洋父母的身上得到了充分的体现，为了将自己的孩子培养成人，他们付出了多少心血，付出了多大的代价啊！

当洋洋出现心理问题，甚至试图报复刘老师的女儿的时候，是父亲的一个无意识的举动让他的心灵受到了巨大的震撼，终于没有走上犯罪道路。

采访完洋洋之后，我一边为他拥有这样的好父母而感到由衷的欣慰，同时也为教育界存在刘老师这样的人而感到深深的遗憾，要知道父亲和老师的一言一行对一个孩子的成长是何等重要啊！

小伟，北京某大学一年级学生，初中时曾因非礼女同学，被学校处以留校察看一年处分。

父亲的话改变了我的命运

如果不是父亲的一席话，我的命运将不堪设想。我后悔，我走了一段曲折的路；我更庆幸，我遇到了一位善解人意的好父亲。

在我蒙昧无知的时候，如果有人告诉我应该知道的性知识；在我进入青春期的最初，如果有人对我进行正确的引导，也许我不会将性看得那么神秘而对她充满好奇，也不会走出那么长一段歪歪扭扭的路。

记得是从小学五年级的时候起，我开始对女性的身体有了一种说不出的好奇，同龄的伙伴也大多都有这样的感觉。有时，大家偷偷摸摸地躲在学校后面的林荫深处，彼此交流对异性的看法。对于女人的身体大家各抒己见，总之都很离奇古怪，谁都想不出女人的身体该是什么样。在那个年月里，是没有可供参考的范本的，因此，当有人提出女人除了比男人胸部高，其余地方都一样的时候，谁都没有表示异议，就算有异议，也拿不出证据。

那时的我对性真的是一无所知，出于好奇，回家以后我问爷爷，女孩的下边是不是也像我们一样长着小鸡鸡？可是爷爷却一脸的不快，训斥我说：小小年纪不好好念书，净想些乱七八糟的东西！我只得讷讷地闭上了嘴，心里却感到极委屈，爸妈都在外地工作，要是他们在，肯定会告诉我的！

爷爷的一句话并没有将我内心的好奇浇灭，我将这些疑惑悄悄地藏在了心底，心想总有一天非得弄个明白透彻不可。

读初中的时候，我们仿佛一下子长大了许多，好多这方面的事情都已经有些了解了，只是朦朦胧胧的仍旧不大透彻而已。

说实在的，我曾经对生理课抱着极高的期望，然而当时的大环境决定了老师不可能讲这些“出格”的知识。

那时，教我们生理课的是一个20多岁的漂亮女老师，到了“关键”部分，她就让我们自己看书，有什么问题可以问她，我瞟一下班里的女生，她们似乎有些不好意思，但又忍不住好奇似的，一会儿将课本翻到前面，一会儿又翻到后面，心神不定地偷偷地看。

有男生举手，问老师有没有大一点的、形象一点的图片？他说书上的图看不清楚。我们哈哈大笑，老师红着脸让大家自习，要安静一点。下节生理课男生可以不上！又有人大叫：老师你不要搞性别歧视，你也要单独给我们上！

奇怪，为什么老师要单独给女生上课？我想女生肯定有不少不愿让我们男生知道的秘密，那究竟是什么样的秘密呢？

带着这份好奇，我做贼似的把课本揣进了书包，晚上偷偷摸摸地仔细翻阅了起来……那一夜我梦遗了，从梦中惊醒后，我感觉内裤湿漉漉的，心里不由得一阵恐慌。我不知道自己的身体到底怎么了，慌乱地折腾了半宿再也没有睡好。第二天天一亮，我第一个起床，展开被子一看，显眼的“地图”印在上面……

下午放学回家，我满心忐忑，总觉得爷爷奶奶看我的目光有点不对劲，可他们却什么也没说。

从那以后，我开始关注自己的身体，更关注女性的身体，那时候，我们家附近开了一家音像店，既卖磁带、歌碟，也卖故事片，爷爷奶奶不在家的时候，我就下楼去租两盘碟片上来慢慢看。

经常去那里租碟，我很快就发现了一桩怪事：有时候我挑得眼睛都花了还找不到一部好片子，而有些人走过去和老板轻声交谈几句，然后老板就从里面拿出来几张光碟，他们看也不看就离开了。我很好奇，装作认真选碟，听到有个小伙子问：“有没有新片呀？”我偷眼望去，发现老板拿出的碟片居然是没有封面的。

隔了几天，我也昂首挺胸地走进音像店，学着那些人的样子朗声问：“老板，有没有新片子？”

老板奇怪地看了我一眼，从里面拿出一张碟片，笑了笑：“呵呵，长大了……”

回到家里，我像往常一样将碟片放进 VCD 里，画面展开，我这才发现原来这就是传说中的三级片。我的手不禁抖了起来，赶紧调小了音量，拉上了窗帘，锁上了房门。在碟片的刺激下，我的呼吸变得急促起来，情绪也显得异常的亢奋，我半闭着眼睛设想自己与异性亲热的场面……

我刚刚“欣赏”完碟片，奶奶就回来了，她敲开门之后奇怪地问我：大白天的，你把家里弄得这么严实干什么？

我支支吾吾地说没什么，奶奶也没有再次追问，事情就这么平稳地过去了。

从那天起，我开始有了手淫，每当我一个人独自在家看“碟片”的时候，内心深处总会不由自主地升腾起一股莫名的冲动，可每次手淫过后，我又会自责不已，并在心里发誓再也不能这样，可是我感觉自己的身体就像是一头困兽，已经不受自己控制了，我无法抑制自己内心的欲望和渴求，于是一次又一次地继续下去。

刚开始的时候，我不太清楚手淫会给我带来什么危害，但我认为这是很肮脏的事情，不是一个品学兼优的学生应该做的。我觉得自己已经堕落成了一个流氓。

随着手淫次数的增加，我越发感到不安，也沮丧、自卑到了极点，我走路不敢抬头，和同学尽量不讲话，就是迫不得已要和人说话，也是满心羞涩，因为我觉得周围的同学，都比我强，我不如他们，我是一个可耻的人！

我感到自己的身体也受到了很严重的困扰——我经常感到头晕，整夜失眠，我一次次地对自己说这是最后一次，可是一次次地控制不住自己……

终于有一天，东窗事发。

那是一个星期天的上午，爷爷奶奶说到商场给我买衣服，还问我要不要去，我摇摇头说：我还有作业没有写，你们去吧！其实心里早就盘算好了，他们不在家，正好漏空儿让我看碟片。

他们前脚走，我后脚就迈出家门，来到了音像店，如愿以偿地拿到了一部新片，回到家里，拉上窗帘，锁上房门，我像往常一样将碟片放进 VCD 里，调小了音量，画面展开，我的手不禁抖了起来，我的呼吸急促了，情绪亢奋了，又开始半闭着眼睛设想自己与异性亲热的场面……

正在我感觉飘飘欲仙的当儿，爷爷竟然神出鬼没地站到了我的身后，可我却浑然不觉。原来他走到半路的时候突然发现没带钱，赶紧折返回来取，走到家门口，看见门窗紧闭，窗帘也拉得严实，未免觉得有些奇怪，于是蹑手蹑脚地走上楼来，用钥匙捅开了大门，结果发现了这不堪入目的一幕。

爷爷正愤怒地看着我，他涨红着脸似乎要把我吞下，一脚就将 VCD 踢了个稀巴烂，电视信号中断了……

我知道火山即将爆发了，不知道究竟该如何收拾残局，只得吞吞吐吐地说：我，我……刚说完两个字，爷爷那硕大的巴掌向我的脸上挥来，虽然疼得到了麻木的地步，但我依旧一声不吭，因为我知道自己做错了。

事情的结果自然是糟糕透顶，爷爷气急败坏地将我暴打一顿，最后的结果是我必须写一份保证书，保证今后不再有类似的事情发生；再者就是期末考试必须考全班第一名，要不然，就将这件事告诉我爸妈。那时候距离期末考试只有一个半月了，虽然我落下的功课实在太多了，但是为了求得宽大处理，我仍旧硬着头皮答应了。

此后很长一段时间，我不敢再往那方面想，一门心思地刻苦学习起来，没想到，期末的时候，奇迹出现了，我竟然勇猛地夺得了初一年级第一名，老师和同学都觉得很惊讶，爷爷奶奶也很高兴，爷爷表情严肃地对我说：这才是我的乖孙子嘛！只要你不胡来，只要你认真学习，你要什么，爷爷都给你买！那年春节，我拿了 500 块的“压岁钱”，爷爷说这是对我刻苦学习的奖励。

后来，我渐渐摸出了爷爷奶奶的脾气，其实只要我在班上的学习成绩一级棒，他们就会认为我已经改正了所有的毛病。我在保持优异成绩的同时，老毛病又开始犯了，这次再也不是看黄色碟片了（那样太危险，我已经害怕了），我开始接触网络，并慢慢地走上了另一条岔路……

有一天，我如往常一样去上网，有一个网友给我传来了一个神秘的网址，还怂恿我说：很好看的，不信的话，你自己打开看看！

我将鼠标轻轻一点，一个五颜六色的网页飘了出来，各种各样赤裸裸的女人在我的面前骚手弄姿，还有免费的色情电影可以观看……我的脸一下子红了，手忙脚乱地向四周观望，还好，我坐的那台机器处在最角落的位置，没人发现，于是我偷偷地仔细“欣赏”了起来……

从那以后，我经常躲藏在网吧的阴暗角落里，偷偷地在网上浏览这样的网站，还经常跟别人交流色情网站的网址，色情程度一般的网站被我贬为“小学级”，很有些不屑一顾的意味。

唉，现在想想，其实挺后悔的，网络本来可以成为我们青少年心灵的家园，让我们在其中求知、觅友，领略世界多元文化，获取各种有益信息，然而我却一味地追求那些不健康的负面东西，浪费了大量宝贵的时间和精力。

因为爷爷奶奶年纪大了，对于网络这些东西一窍不通，否则的话，恐怕他们早就发现我的“蛛丝马迹”了。

两个月后，因为我一时“冲动”，犯下了一件不可饶恕的错误，差点就被学校开除了。唉，这件事说来话长。

那天上微机课的时候，其他的同学都走了，只有同班同学小薇一个人还在忙活，我因为负责微机室锁门的重任，因此，只能在一旁耐心地等待，看着她还在孜孜不倦地操作，我走了过去，关切地问道：“编什么程序呢？”

“我输入的一个程序调不过来了，你来帮我吧！”她说。

我顺从地搬了一把椅子坐在她身边，共同琢磨起来。突然，我感觉到她身上有种奇特的芳香气息扑鼻而来，我打了一个激灵心不由自主地打着颤。当时，我的大脑里一片空白，只感到下意识中，我的手情不自禁地伸向了她的身体……我似乎还对小薇说了一句什么，说的什么我怎么也记不起来了。突然，小薇又羞又气地站起来，嘴唇气得发紫，对我说：“真没想到你是这么卑鄙下流的人！”然后冲出了微机室……

我当时傻了，我干了什么？我为什么要这么干？

回家的路上，我一直心情忐忑，不知道会面临怎样的结局，小薇会不会将这件事告诉老师，会不会将这件事告诉家长？会不会……

事情朝着最糟糕的方向发展着。

当天晚上，小薇的妈妈就给我们家打来了电话，说我对她女儿“耍流氓”，要将我送到公安局去！我偷听到他们的谈话后，反锁上房门不敢出来，心里忐忑不安地想着这下完了。

爷爷愤怒的敲门和责骂声隔着门板震得山响，我的心里一阵阵地抽搐着……最后爷爷粗暴地动用工具打开了我的房门，见我蜷缩在卧室的一个小小的角落可怜兮兮的，他破天荒地没有打我，只是恨恨地甩下一句：真不知道咱们张家前世作了什么孽，竟然养了你这么一个逆子！

只是他气不打一处出，威胁说要将此事告诉我的爸爸妈妈，看看他们的儿子脑子里究竟在想些什么。我一下子扑到了电话机上，哭着乞求他不要拨那个号码，不要告诉我的爸爸妈妈，我以后什么都听他的！奶奶看我哭得惊天动地的，未免动了恻隐之心，最终劝住了爷爷。

第二天，爷爷送我去上学，一个劲地向小薇的家长赔不是，为了促使学校减轻对我的处罚，爷爷还故意当着众人的面，狠狠地扇了我两巴掌，这一次我没有哭也没有喊痛，只是眼泪吧嗒吧嗒往下掉……

学校曾一度要将我劝退，但考虑到我平时表现和学习成绩都不错，最终给了我一个留校察看的处分，校长义正词严地对我说：这种事情以后可不能再发生了！知道吗？小时候就知道耍流氓，调戏女同学，长大了那还了得！那不就是新世纪的强奸犯，社会的渣子了么？……

从那以后，同学们都开始疏远我，特别是女同学，见到我就躲得远远的，甚至还有人小声地嘀咕着说我是“色狼”。我心里苦恼极了。

一天，爸爸给我打来电话：“小伟，爸爸后天就要回来了，正好你放五一长假，我早就答应带你到清华大学去玩的，一直没有时间，这次爸爸一定兑现承诺！……”

我心里有鬼，不知道爸爸这次回来葫芦里究竟卖的什么药。

爸爸如期回来了，也兑现了对我的承诺。回来之后的第二天就带着我到清华大学参观去了。清华大学是我最仰慕的圣殿，也是爸爸大学时代学习和生活的地方，我早就想来看看了，只可惜一直没有机会。

故地重游，爸爸兴奋地当起了我的导游，口里滔滔不绝地介绍着清华园。走到图书馆前的时候，望着昔日熟悉的一切，爸爸忍不住感慨万千，他忽然转过头来问我：“小伟，说起来，爸爸当初能进清华大学读书要感谢一个人呢！可以这么说，没有他，就不会有爸爸的今天！”

“他是谁呀？”我狐疑地问。

“爸爸的爸爸！”爸爸意味深长地说。哦，原来爸爸说的是爷爷啊，可我总觉得爷爷没有那么伟大，他……

也许爸爸看透了我的心思，他看着我说：“小时候，你爸顽劣得很，成天疏于学习，到处闯祸，没少让他们费心。你爷爷恨铁不成钢，动不动就打我。我好怕你爷爷，只得用心读书，后来总算考上了清华大学……所以，我能有今天，得感谢你爷爷。不过当我被他打得鼻青脸肿的时候，又有些恨他，我觉得他不该动手打人，有什么话不能好好说吗！所以那时候，我就在心里发誓将来等我当了父亲，我绝不会动手打自己的孩子，哪怕他成不了材，哪怕犯了错误……”

听了爸爸的话，我羞愧地低下了头，的确，我对爷爷是充满了反感与憎恨的，一直以来，他都习惯于对我进行粗暴干涉，但爸爸的话却触及了我内心深处的软肋，让我认识到了自己的无知与幼稚，以前我做过那么多的错事，难道连别人批评指正都不允许吗？一时之间，我红了脸。

爸爸的一席话，让我感到身边的他一下子高大了许多。虽然他这些话是不经意的，但是于我而言，却感触良多，它像一股暖流流淌进我寂寞的心田……面对眼前的爸爸，我还有什么不可以敞开心扉的呢？我再也抑制不住起伏的心绪，猛地扑到爸爸的怀里，哽咽着说：“爸，我错了……”

听了我的话，爸爸满脸写着问号，不知道我究竟怎么了。我鼓起勇气将发生在自己身上所有的事情都倒了出来。听完我的话，爸爸怜爱地抚摸着我的脑袋，看着我说：“小伟，我本不知道这些事，你能够主动说出来，就表明你已经认识到了自己的错误，这是很可贵的。但是仅仅认识到自己身上的问题是远远不够的，及时回头，努力改正自己的缺点才是最重要的！你懂了吗？”

我抹干眼泪，使劲地点了点头，信誓旦旦地说：爸爸，我知道了！我一定会改正缺点努力做个好孩子的！清华大学比我想象的还要好，以后，我也要读清华大学，我要做你的校友！

听了我的话，爸爸欣慰地点了点头。

……

从那以后，我一门心思地将自己所有的精力全都投入到学习之中，每当自己心有旁骛的时候，我就自然而然地想起爸爸那宽宥的眼神，想起他对我说过的那些话，从此更加发奋起来。

中考之后，我顺利考上了理想的高中，高中毕业后，我又以绝对的优势被清华大学录取，成为爸爸的校友，兑现了自己当初的承诺。面对我的表现，爸爸露出了欣慰而温和的笑容，我的心里也显得异常的轻松。

回望那段曾经迷失的日子，如果不是父亲的一席话，我的命运将不堪设想。我后悔，我走了一段曲折的路；我更庆幸，我遇到了一位善解人意的好父亲。

金钥匙

现在的孩子接受各种传媒不良信息的机会越来越多了，当你不能了解他的思想时，只好以监控作为手段。但这并非是把握、教育孩子成长的良策，因为谁也没有力量去阻止青少年性早熟，谁也没有力量去阻止青少年对异性不发生兴趣，对孩子人格的不尊重，结果就会造成孩子的逆反心理，走向愿望的反面。

小伟同学原本是个“性迷失”的孩子，但是他的爸爸却是个开明而“艺术”的家长，面对小伟的忏悔，他没有像孩子的爷爷一样采取粗暴干涉的态度，而是将孩子当成自己的朋友来对待，以自己的真诚换来了孩子的理解，从而伴随孩子走出了迷茫的青春期。

我要说的是，一个成功的教育者（老师也好，父母也罢），应该给孩子一个自由宽松的心理空间，充分理解他们，并引导他们从朦胧走向清醒，只有这样，才能让孩子从根本上抵制不良风气的侵袭，自觉地走向美好光明的未来。

阿丹，广州某大学一年级学生，15 岁那年人流后一度想自杀。

妈妈的卖血单据

我永远不会忘记 15 岁那年经历的一场噩梦，更不会忘记那张写有妈妈名字的卖血单据，是它拯救了我，是它让我从迷茫中彻底醒悟过来，引我走进阳光地带。

刚刚跨入初中校门那年，我的父母离异了，父母的离婚是经久的积怨发展而成的必然结果，先是爸爸在外面有了别的女人，后来爸爸指责妈妈与她所在的那家私营鲜花店的老板有染，闹得妈妈丢了工作不说，也彻底的对这段婚姻失去了信心和热度，于是愤而选择了离婚。

我清楚地记得，法院判决下来的那天，妈妈在法院门口的台阶上吻了一下我的额头，眼里饱含着泪水。

当我意识到从今往后自己再也不能同时拥有爸爸和妈妈的爱了，我多想哭，多想叫，多想让她留下来啊！

离婚后，妈妈搬了出去，独自一人暂住在舅舅家的一间小屋子里，靠做一些小生意维持生计，日子过得相当艰难。

爸爸每天早出晚归地忙于“工作”，从来就很少关心我。自从跟妈妈离婚之后，爸爸一直颓废地生活着，那个传说中的女人终究没有出现，他只是一味地酗酒、胡搞乱来，整天醉醺醺的也不怎么待在家里。很多个夜晚，我一个人巴望着窗外漆黑的夜空，心里充斥着恐惧与害怕，我多想妈妈，我多想爸爸，我多想有一个温暖的家啊，可是那个曾经充满着欢声笑语的家到哪儿去了呢？它早已分崩离析了，它早已不属于我了。

我被孤独和恐慌驱使着，随着年龄的增长，我以自己幼稚的判断力认定是爸爸赶走了妈妈，是爸爸亲手葬送和毁灭了这个家庭，我恨他！我恨他！

记得那年的元旦，天气很冷，外面下着小雪，一般来说，这样的日子，这样的天气最适合一家人坐在一起吃饺子了，那该是多么幸福的情景啊，可我不能拥有。

我没有目的的一个人在大街上闲逛，将近中午的时候我转到了叔叔家的门口，犹豫了半天，最终还是进去了。婶婶在煮饺子，她热情地招呼着我。饺子的味道好香啊，我已经记不清自己上次吃妈妈包的饺子究竟是多少天以前了，那天，我也不知道自己究竟吃了多少个饺子，总之是吃饱了。

这时，我突然担心起来，爸爸要是回家了，看不着我会着急的，于是，我连忙给爸爸打电话，没想到他还没有回家。我幸好没回家，否则，到现在我还得饿着肚子呢！

晃荡到下午三点多，在叔叔家实在没什么事可做，只好坐车回家。家里仍然没有人，我觉得有些累了，像一条软绵绵的虫子一样瘫到了床上。醒来之后，发现父亲醉倒在沙发上呼呼大睡起来，厨房里没有一丝热气，而窗外的天已经黑了，看来，我的晚饭又泡汤了，只好吃泡面了。说实在的，连我自己都不知道至今究竟吃了多少包泡面，我都有些腻味了。我放弃了晚饭，选择了看电视。过了一会儿，父亲醒来了，他不愿意我看电视，把电视"啪"的一声关了，然后用命令的语气赶我回房间学习。

这样的哀伤和凄凉绝不仅仅是一次，爸爸很少关心爱护我，只会以居高临下的口吻命令或者禁止我做这做那，很少顾及我内心的真实感受。我时常觉得自己是这个世界上多余的一分子，没有人爱，没有人疼，像路边的野草一样，似乎注定要自生自灭似的。

就这样，离婚后的父亲经常忽视我的存在，连让我吃饱饭这最基本的一点都做不到，就更不用说注意我的生理和心理变化了。

初一上学期的一个星期天，我一觉醒来，感觉下身湿漉漉的，掀开被子一看，猛然发现内裤一片殷红，我心里紧张得要命，怀疑自己是不是得了什么病，更害怕爸爸发现床单脏了会狠狠地揍我一顿，我赖在床上不敢起来。

但纸终究是包不住火的，当他看见我缩成一团的身躯和床上那团血迹的时候，并没有打我，只是从口袋里掏出 5 块钱扔过来，他让我自己到商店去买一包卫生棉回来塞到腿裆里。

我手里拿着 5 块钱，感到有些无所适从。我不明白爸爸这次为什么会这么宽容，自己"犯了错"，他居然没有责怪我，可我也觉得有些不解——我的身体究竟怎么了？为什么会这样？我多么希望爸爸能告诉我这一切啊！可是爸爸什么都没说，只是皱了皱眉头，然后转身走掉了。

这就是我第一次月经来潮时所遭遇的青春期"哑语教育"，到头来，我依旧什么也不知道……

没有人关心我，没有人指导我如何走过迷茫的青春期，我并没有任何怨言，但让我感到可怕的是离婚后的父亲在生活上行为很不检点……

有一天，学校放学很早，大约下午三点我就回到了家里，进门之后，我忽然听到爸爸的房间里隐约传来女人的声音，我觉得挺奇怪的，爸爸这个时候应该不在家的呀，那又会是谁呢？该不会是坏人吧？想到这里，我的心里如临大敌，顿时觉得格外紧张。

我蹑手蹑脚地走过去，轻轻地推开了父亲的房门，随着房门的开启，我听见了一个陌生的年轻女人的尖叫声，那女的也就20岁出头的样子，染着一头金发，浓妆艳抹一丝不挂地靠在爸爸的怀里。爸爸看见我站在门外，也觉得很尴尬……

我又羞又气，一怒之下夺门而出，那天我去了妈妈那里，妈妈看到我脸上挂着未干的泪痕，试探地问我：怎么？你爸又打你了？你说，我去跟他拼命！

我摇摇头，强忍住内心的痛楚，什么也没说。

那件事以后，爸爸看我的眼神也有些不对，看来他也意识到自己做错了，但他对我却什么也没说，也许是因为这种事情根本就没法解释。我更加痛恨父亲了，觉得他对不起妈妈（尽管他们已经离婚了），对不起我，也对不起这个家。

但是从那以后，我却像着了魔一般，一到入夜时分，每当我独自躺在床上的时候，总是会不由自主地想起男男女女在一起的模糊镜头来，还有那夸张的呻吟。

一个淅沥的雨夜，我平生第一次有了自慰。

自慰之后，我忽然觉得自己的身体和灵魂都变得肮脏了，我无语独哭，原本单纯的我怎么一下子变得这样肮脏？我为自己感到深深的羞耻。

想当初，我为了买一个胸罩脸会红得像猪肝，连头都抬不起来，现在居然干起了这样的“勾当”，实在是见不得人。

可如今那个腼腆单纯的我究竟到哪里去了呢？

像所有情窦初开的少男少女一样，小小年纪又少人管教的我很快就走上了早恋的道路。初二那年，15岁的我有了第一个男朋友，他叫杨光，那是我的初恋，幼稚的我对那份感情格外的珍惜也分外的投入，热恋的甜蜜滋润着我几近干涸的心田，让我觉得心里很温暖，爸爸不关心我，妈妈又没有能力，只有男朋友能够把我捧在手里，放在心中，他是这个世界上对我最好的人。

那一年的情人节来得特别早，学校早早就放寒假了，这是我们相爱以来的第一个情人节。情人节前一天晚上，杨光打电话给我：“阿丹，我好想你啊，到我这儿来好吗？我想和你在一起！”

我有一点犹豫，可他的声音对我的诱惑实在是太大了，那时的他就是我心中的太阳，我心中所有的欢乐和幸福之源。于是，一向诚实的我对爸爸撒了谎，说要到好友丽丽家去做作业，如果晚了，就和她挤一床睡，叫他不用为我担心。那个随口扯的谎，竟成了酿就我一生痛苦的起点，葬送了原本属于我的大好年华。

爸爸没有说什么，他似乎觉得很正常，再者，没有我在家烦他，他岂不是更自由了？

就这样，我到了杨光的家，恰巧那天杨光的爸妈走亲戚去了，家里只剩下我们俩了。

我们坐在沙发上说笑、看电视。

突然，他用力一把抱紧我，疯了似的吻我，撕扯着我的衣服。我害怕了，一边打他，一边哀求他别这样。

他说道：“阿丹，我受不了啦，你给我吧！我一定会对你好的，难道你不爱我吗？难道你不相信我吗？”

听了他的话，我迟疑了，书上、电视上不是常在说“爱他，就给他一切吗？”那我是不是也要为自己心爱的人奉献一切呢？就这样，我不再迟疑，也不再反抗，因为我知道，当时的我是真的爱他。

那晚，我过早地失去了属于一个少女宝贵的贞操，那是女人一生中最宝贵的东西。只因为我要证明自己是爱他的，他要的一切我都可以给他。

刚开始的时候，我很疼，钻心的疼，眼泪都流了出来。可是我还是幸福地努力对他微笑，充满了为爱献身的悲壮感。我以为这就是我要的爱情，这就是我千百次在梦中想象过的幸福生活。但事实证明我错了，而且是以我终生的痛苦和此生无法流尽的泪水也无法弥补的错。

情人节过后，我觉得自己是世界上最幸福的女孩子，我以为自己将会成为他的幸福新娘，那我以后就会理所当然地跟随他过一辈子。

刚开始，他的确对我很好，说会对我负责。可是渐渐的，他开始讨厌我像个跟屁虫似的整天跟着他。我了解他的心情，他嫌我烦，可我无法让自己不去找他，我认为既然我是他的人了，就应该看紧他。我的全部心思几乎都在如何看牢他上了，根本就无心顾及学习。我的成绩，也随之变得更加糟糕了，很快就落到了班上倒数几名的位置。

老师对我的态度也开始渐渐变得恶劣起来了，可是当时的我已经不管不顾了，书上不是说“鱼和熊掌不可兼得”吗？我只要有了杨光就满足了，杨光就是我的一切。

两个月后，一向准时的“大姨妈”还是没有来。我很害怕，去找他，问他怎么办？他无情地甩开我的手：“你很烦你知不知道？别整天跟监视犯人一样地跟着我！我要学习，要成为这个学校最出色的学生。那东西没来我怎么知道！我又不是女人，也不是医生，不舒服去找医生啊，别成天像我老妈一样地管着我，缠着我！”

他不肯帮我，我不知道该怎么办，又不敢和任何人说，只好一天一天地熬着，过一天算一天。

渐渐的，我发现自己的身体有些“胖”了，特别是小腹，似乎比从前大了许多，虽然有些懊恼，但我并没有意识到当时自己已经怀孕了，每天穿着宽松一点的衣服照常上学放学，偶尔跟男朋友待在一起，并没有感觉到什么不妥当。

转眼暑假来临了，有一天我在家的时候，忽然觉得眼前一黑，晕倒在地上，什么都不知道了。当我醒来的时候，发觉自己正躺在医院有点儿脏兮兮的床单上。爸爸又羞又气地指着我骂："你这个不要脸的东西！跟你妈妈一个样，是典型的贱骨头，我没有你这个女儿！"说完，摔了门扭头就走。

这是一个让人绝望而无奈的结果——我怀孕了。

妈妈一直以来都以我为骄傲，但不争气的我却给她丢尽了脸，让她蒙受了无穷的耻辱。我多么希望情人节那晚的事情没有发生，那只是我的一个噩梦，当我醒来，就什么事也没有了。我多么希望现在正躺在家里熟悉的小床上，而不是躺在医院里受尽别人异样的眼神。但当我睁开眼睛，眼前依然是妈妈将痛苦深深隐藏的脸庞。

我抓起妈妈的手，狠狠地打着自己的脸："妈，你打我吧，你骂我吧，我对不起你，我好后悔呀！"

妈妈心疼地摸着我的脸："事情已经发生了，怪你也没有用，听妈妈的话，别想那么多，先把孩子拿掉吧！"

我只有含泪点头。

做手术要2000多块钱，爸爸根本就不管，我问妈妈有没有钱，妈妈安慰我说这个不用担心，她手头还有1000多块钱，原本是打算做小本生意的，先用了吧，再跟人挪挪，没问题的。听了妈妈的话，我什么也没说。

做完手术后，坐在病床旁边暗自垂泪的妈妈终于忍不住了，她弯下腰搂着虚弱的我抽泣着："孩子，我们怎么都这样命苦啊？你知道吗？你这次犯的错有多大！你爸，他不是人，他说他要跟你断绝父女关系。而那些你曾经叫得亲亲热热的叔叔阿姨们，也不是什么好东西，你知道，妈这几天遭受了多少人的指指点点吗？孩子，妈被人指点没关系，妈是担心你啊，你出院以后，该怎样去面对那些人啊？"坐在医院的小床上，我们母女俩平生第一次抱头大哭了起来。

从医院出来之后，我搬到了妈妈狭小的房子里。为了生计，妈妈不得不继续做她的小生意，只留下我一个人在屋里待着，我好寂寞，我觉得整个世界一片灰暗，前途没了，名声没了，自己什么都没有了。

爸爸自那天摔门而去之后，再也没有来看过我一眼。妈妈一个人生活已经够艰难的了，她哪有什么实力再养活我？再说，我的名声将会给今后的生活带来多大的压力啊，还不如死了算了。

我想到了自杀。我想，自杀于我、于爸、于妈都是一种解脱。于是我从医院分几次买了安眠药。那天，妈妈如往日出门去了，我关好房门，将藏在床底下的安眠药取了出来，准备就此吞下，结束我的一生。可是，我一想又觉得不对劲，我这样不明不白地死在妈妈的住处，爸爸会过来向妈妈兴师问罪的，再说，公安局也会调查妈妈的，我不能给妈妈带来麻烦，我想出了一个主意，干脆写份遗书，声明自己的死与爸妈无关。

我从书包里取出一张纸，可却找不着笔，于是我试图从妈妈的床头柜里找出一支笔来。这一翻不打紧，却无意中发现了妈妈的一张卖血单据。上面清楚地写着 7 月 28 日妈妈卖了 400 毫升的血得了几百块钱的报酬，而那天正是我做人流手术的前一天，我忽然醒悟过来，妈妈根本没有去借钱，而是偷偷地跑到医院卖了 400 毫升的鲜血，才凑足了所有的手术费……

无知的我竟然“喝”了 400 毫升母亲的鲜血，握着那张卖血单据，我的泪水无声地往下流……

可怜的妈妈为了凑足我的手术费和营养费，居然被迫选择了卖血！我究竟做了些什么？我这一死就能让父母得到解脱吗？这是对他们最好的报答吗？

我越想越害怕，赶紧将安眠药收起来扔到垃圾堆里……

我清醒过来，意识到自己不能就此沉溺下去，一定要刻苦认真地努力学习，把自己的成绩搞上去，做一个好女孩。

我不再是从前那个整天无所事事、不懂事的小女孩了，我开始改变生活态度，埋头认真学习，不理会外界的任何干扰，同学和老师都说我像变了个人似的。

是的，我已经变成了另一个人。

眼见着我的成绩在稳步上升，妈妈皱紧的额头似乎舒展了很多，我的心里也多了那么一点点的安慰。凭借着我十二分的努力，中考结束，我“出人意料”地考上了市里的重点中学，很多人都觉得很惊讶：“就凭她，也能考上重点中学？”但我的确通过自己的努力做到了。

高考之后，我以优异的成绩考上了广州的一所大学。我永远不会忘记 15 岁那年经历的一场噩梦，更不会忘记那张写有妈妈名字的卖血单据，是它拯救了我，是它让我从迷茫中彻底醒悟过来，引我走进阳光地带。感谢妈妈，感谢那些至今仍在爱着并支持着我的人们！

金钥匙

对一个孩子来说，家庭教育是他（她）一生的启蒙教育，是任何学校教育和社会教育无法代替的。

从某种意义上讲，家庭教育不仅是基础教育，更是影响人终身的教育。孩子的心理成长同父母的生活是密切相关的，缺少父母的爱，缺少他人的关心和重视势必会对孩子带来不可愈合的创伤，单亲家庭的孩子尤其需要关心，需要爱。

晓宇，20岁，即将赴日本留学，初中时因早恋、失恋而打架斗殴、离家出走。

父亲的一巴掌让我如梦初醒

我一直感叹人生无常，如果不是父亲那一巴掌让我清醒过来，今天的我也许就跟那位女生一样，只能在一所普通的中专学校里读书，感谢父亲，感谢他那爱之深责之切的一巴掌。

那时我还只有十三岁，一个懵懂无知的年龄，却偏偏跟感情扯上了边，由此一度走上了歧途。

说实在的，那女孩的确美丽大方，有着一双大大的眼睛，只是学习成绩不怎么样。不知是不是老天有意捉弄人，成绩平平的她竟然成为了我的同桌，可她却妄想和我成为好朋友，我对此并不领情。

她想跟我说话，我别过头去懒得理她；她想“参考”我的作业，我用手遮住，让她什么也看不到……

记得开学不久的一节体育课，同学们都在三三两两高兴地玩着，因为我是从外校小学升上来的，所以不认识他们，只好自己在操场上溜达。这时，她悄悄地走到了我的身旁，意思是要我和她一起玩。我惊叹于她的勇气与大方，但我还是受不了和一个像她这样成绩不怎么样的同学嬉笑怒骂，于是加快脚步走开了，尽管我很孤独。

那时候，我从来都没想过和她之间还能发生什么故事。

而她似乎并没有把这件事放在心上，总是微笑着面对我，热情地帮助我。虽然我并不打算理她，但毕竟是同桌，无论如何也免不了要跟她说话，比如说借个东西什么的。由于我的丢三落四，经常向她借橡皮，她把自己那本来就不大的橡皮割了又割，最后每人只剩下八分之一。不记得那时候我是否对她说过谢谢，只记得她总是微笑着把一小块橡皮递给我……

经过长时间的同桌，我发现她对待学习其实挺用功的，每天都是认认真真、毫不懈怠，可能是因为智商不高的缘故吧，有点不开窍，无论如何，学习成绩就是上不去。我常在心里暗笑她的笨，每次试卷发下来，我都会拿自己的高分卷子向她炫耀，而她总是微笑着祝贺我：“你真棒！”

听了她的话，我总是很陶醉。在她向我讨教问题时，我常常是天花乱坠地乱讲一通，也不管她听得懂听不懂。

逐渐地，我们熟悉了，也成为了好朋友，我自己都难以置信，怎么会跟她成为好朋友呢？可能是因为我需要她的关心和帮助吧！

这时，我忽然觉得她也有些可爱了，她的脸蛋胖胖圆圆的，长得特别像玩具考拉熊，特爱笑，一笑俩酒窝，挺甜的。这时，看着她，我的心里升腾起一股怜香惜玉的感觉，觉得她其实挺好的。

当时我心中的感觉其实挺单纯，就想做她哥，好好地保护她！谁要欺侮她，没门儿！从那以后，我们不仅成为了要好的同桌，而且每天我都会和她一起放学回家，当然多数时候都是我送她。

那时，我们学校管得很松，有些坏孩子就半道上劫钱、劫女孩。因为我长得高大的缘故，没人敢动她，那种感觉特别好，我觉得自己真是一个英雄！

转眼快乐的一年级就这样过去了，她出落得越发水灵。曾经胖胖的身材，也变得苗条清秀起来。还是爱笑，笑起来很好看。初二的学生已经朦胧地知道一点男女之事了，情窦初开的我们渐渐能从彼此的眼神中读出一点什么，这时候的我已经不满足于只是做她的哥哥了，我要她做我的女朋友。因为一直以来都是我在保护她，我们谈恋爱也就变得顺理成章起来。

这是我的初恋，我特别珍惜，我在心里对自己说：我要对她好，绝不让她受半点儿委屈。

恋爱中的我们，生活甜美如蜜，我们一起逃那些无关紧要的课，去各种各样好玩的地方……

由于我们将大量的时间耗费在了花前月下，我的成绩下降得特别快，开学摸底考试我是班上的前三名，一个学期下来，我已经跌落到了二十名开外，而她呢，早已经成了班上的“垃圾股”，绝对的后进生。

面对这样触目惊心的事实，我的心中未免有些惶恐，我怕听见老师的责备，怕看见父母失望的眼神，可又无法拒绝女朋友的热情，我像一个吸食了鸦片的瘾君子，在这场青涩的跑道上闭紧眼睛，不计一切后果地一路狂奔！

但世事难料，初二结束时，我的初恋也随之结束了。什么原因？我也说不大清楚，只是暑假过后，她突然对我避而不见，我哀怨的眼神一直在询问究竟因为什么，她转过头去，没有给我任何答案。

直到有一天，她突然告诉我，自己喜欢上了另一个男生，她说她不愿欺骗我，所以才向我坦陈一切，当时我听了好难过。

原来那段时间她跟一个高一的男生好上了，那个男生是个小痞子，但长得高大帅气，每天挽着她的手逛街，带她出去疯玩，她的脸上也挂着一如既往的笑意，只是早已将我和所有的往事一并忘却，我的心仿佛在滴血。

某个星期六的上午，面对家人的催促，我从花市心急如焚地往家赶，经过一家麦当劳的时候，透过玻璃橱窗我看见一个比她高半头的男孩在喂她吃薯条，两个人十分亲密，那男孩还温和地用餐巾纸给她擦嘴。

眼不见为净也就算了，但既然已经被我看见了，又岂能视而不见呢？我的脑袋一下子变大了，站在那儿不知该怎么办。

过了一会儿，她也看见了我，愣了一下，和那男孩说了句什么，就朝我走过来，她走到半路，我愤怒地向她摆摆手，让她回去。我心里倔强而生气地说：“既然如此，你还过来干什么？”

没想到，她看到手势，转身又向那男孩走过去。我真是气急了，冲过去就打了她一个耳光，她一下子哭了，转身抱住那男孩，特委屈的样子。这一抱，也让我看出他们的关系绝不一般，因为他们之间的动作太娴熟、太自然了。

想到自己曾经那么珍惜、爱护的人都这么容易背叛我，我觉得心“啪”的一下就碎了，脆生生的碎，一铁锤下来那种血肉横飞的碎！

恍恍惚惚中，我跟那个男孩打起来了。我很久没打架了，我早知道，靠拳脚征服别人是我的少不更事，青春勃发、爱冲动，是我的错误。可那天，我真是疯了，什么也顾不上，拼命地打那个男孩。

虽然我比他小，但因为我的个子大，再加上我一时气愤至极，自然是玩了命地挥舞着拳头，将他揍得鼻青脸肿。架是我打赢了，可我知道，在心里，我输了，输得一无所有，输得一败涂地。

我流着泪想：扯平了，这次，我谁的都不欠了。虽然我也受了伤，嘴角在流血，但我觉得身体表面的痛永远比不上内心的痛楚。

我试图挽回和女朋友的关系，那期间，我们时断时续地联系着，有时候也很好，我还希望能好起来。一是这么长时间的感情我舍不得放弃，二是我还很爱她。

我想或许是我错了，毕竟我打了她。我一直为打了她而后悔，想起我曾经的誓言，如今的背叛，我的泪水怆然而下，我一直因为歉疚而哄着她，显然她也有些犹豫，似乎想起了我些许的好。

这期间，曾经有一次她过生日，我没去，别人在她生日宴会上提到我，她哭了。我听了，特感动，又重新买了礼物，再次为她办了生日宴会，大家都挺高兴的，我也以为一切和从前一样了。

可是不久，我对她彻底失望了。

那天，她突然打电话给我，约定在一家商场门口见面，我兴高采烈地去了，焦急地等了半天，也没见着她，却遭到了一群陌生人的追打。这显然是她和她现在的男朋友预谋好的，结果那天我被人揍得鼻青脸肿，好多天都没消，家人用疑惑的眼神问我：怎么弄成这样？是不是跟人打架了？

我望着妈妈怜爱的眼神，为了不让她过分担心，只好撒谎说：“没有，我从高台上摔下来了，没事的！”

这个谎言虽然撒得不大自然，但是面对我躲避的眼神，家人也没有多问，他们不知道究竟该怎么问才不至于伤害我。

那天晚上，我一个人将自己反锁在房间里，流着泪想：好了，这下是真的彻底扯平了，这次，我谁的都不欠了。我甚至没想过要去报仇，我并不是一个软弱的人，而是觉得实在没那个必要。你竭尽全力发誓一生去关爱的人，招来别人打你，那种锥心刺骨的疼，已经注定你采取什么手段报复都是你自己输。既然这样，你结这个仇又有什么用？你打得越凶，就等于输得越多。

那段时间，我特迷茫，对待学习，失去了兴趣；对待生活，失去了热情；对待自己，不知道该如何是好。到现在，我仍然依稀记得当时的痛苦。特别是看着那些日记想她的时候，我只能以泪洗面。

本以为对于这段感情自己很快就会忘记，但我没有，我常常觉得她离开了，我的生存似乎失去了意义，可是在我准备好那些安眠药的时候，却发现爸爸妈妈已不再年轻，他们额头的皱纹似乎又增加了不少，叫我如何能够割舍得下呢？想到这儿，我心如刀割。

我在犹豫，我走了以后他们会伤心的。爸爸常说我是他的骄傲，我可以写一些文字，还可以唱几首歌曲——我是他的希望。我不知道该如何去做，我只知道我的心在痛。我该怎么办呢？我怎么会变成这样？

幼稚无知的我为了寻求解脱，最终还是决定逃避，那天，我留下一张纸条就匆忙离开了家，背着简单的行囊远走了。

年龄小，找不到事做，只能租住在一间小房子里依靠身上仅存的一点积蓄艰难度日，从早到晚总有点无所适从的感觉。因为在外面吃饭不方便，一段时间过去，我瘦得厉害，照着镜子都快认不出自己了。

直到我身上用得一个铜子都没有，大病一场，我才那么深切地感受到了家的温暖，想到了爸爸，想到了妈妈，想到了自己小房间里的一切，竟是那样的怀念，心里也滴血一般的痛。

我在想，如果这会儿自己在家里的话，妈妈应该已经拿出了很多水果，然后叮嘱我吃几片剂量的药。我闭着眼睛，默默地想象着妈妈的手在我的额头上抚摩的情景。好无助啊，曾经梦想离开的家，离我一下子变得那么遥远。爸爸妈妈，你们知道吗？我现在真的好难受，真的好后悔啊……

几经犹豫，我终于还是下定决心，挣扎着拿起电话卡拨通了家里的电话。妈妈心急如焚，急切地询问我现在在哪里，并哀求我马上回家，她和爸爸都快急死了。我哭着报出了自己所在的地址。妈妈对我说：那你就在那里不要走，妈妈马上去接你，啊！

很快，妈妈就赶到了我在外面租住的房子里，见面之后，我们母子俩抱头痛哭了一场。

回到家之后，泪眼模糊的父亲哆嗦着嘴唇，似乎想说些什么，但他终究没有说出口，而是劈头盖脸地给了我一巴掌。

我长这么大，记忆中爸爸从来没有骂过我，更不用说打我了，他一直对我慈爱有加，我一直为自己有这样开明的父亲而感到自豪，但是今天，他的巴掌却有史以来第一次落在了我的脸上。我想：如果不是气急之至的话，他是决计不会这么做的。

我顿时感到整个左脸变得火辣辣的，泪水顺着脸颊滑了下来，我知道自己错了，我对不起爸爸妈妈，对不起……

妈妈在一旁阻拦着爸爸：孩子都这样了，你还忍心再打他？

父亲用颤抖着的声音责怪我：打你是为了你好，让你长个记性，年纪轻轻的不好好读书，倒学会了儿女情长、争风吃醋，这样做究竟对得起谁？你妈为了你，都病得住院了，你……你……

面对情绪激动的父亲，我一下子跪在了地上，哽咽着说：“爸爸，我以后再也不会了！再也不敢了！”

虽然父亲狠下心来打了我一巴掌，但我对他并无丁点儿的怨恨，是父亲的一巴掌让我清醒了过来，为了一份幼稚、无知而不可靠的感情，凭着自己一时的冲动与不负责任，我让多少人受尽煎熬啊！望着眼前瘦了一圈的父母，我的心里满是愧疚……是的，这样的事再也不会发生了。

从那以后，我重新振作起来，开始埋头于自己的学业，我在心里默默地下定决心，一定要考上重点中学。

说实在的，本来我的学习成绩就不差，基础也很牢固，那段时间之所以学习成绩一落千丈，完全是由于自己的一时放纵使然，只要静下心来、端正态度，认真将过去落下的功课补上去，还是大有希望的。

通过我的努力自学，在老师和同学的帮助下，我的成绩获得了长足而显著的进步，中考结束之后，我顺利地考上了市重点中学，而那个女孩却只能到一所中专学校就读。

如今的我，马上就要远赴日本继续自己的学业了。我一直感叹人生无常，如果当初不是父亲那一巴掌让我清醒过来，今天的我也许就跟那位女生一样，只能在一所普通的中专学校里平淡地度过那些无聊的日子，感谢父亲，感谢他那爱之深责之切的一巴掌。

金钥匙

父母是孩子的第一任老师，也是孩子最亲密的朋友，可以教他做一个善良无私的人，也可以在他的心上撒上希望和爱的种子。我们从不怀疑父母对孩子拥有足够的影响力，这种影响力足以改变一个人的一生。

父亲的一巴掌不能简单地等同于暴力，因为他并不是一个热衷暴力的人。作为家长，我们必须清楚地认识到使用暴力或者粗暴地对待孩子是不对的，“打”只是一柄双刃剑，能使孩子昏迷的头脑醒悟过来，也能使他们由此埋下仇恨和邪恶的种子。造就一个人，或者毁掉一个人，就看家长如何施教了。

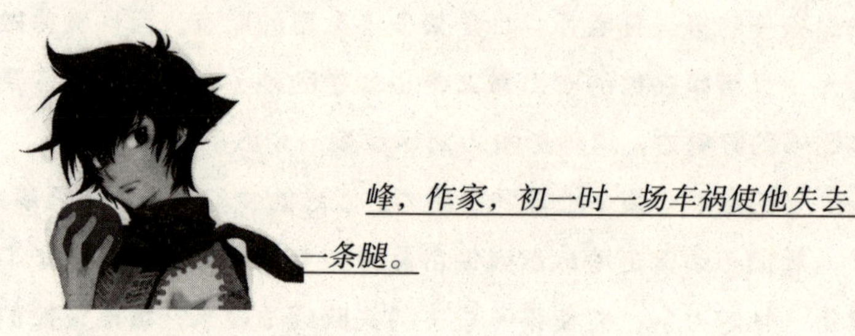

妈妈的书给了我力量

海伦·凯勒有一位称职的老师，我有一位伟大的母亲，她将海伦·凯勒迎进了我的生活中，也将光明和希望撒在了我的世界，让我重拾起了生活和奋斗的勇气。

天有不测风云，人有旦夕祸福。13岁那年夏天的一场车祸，永远地铭刻在了我的记忆之中。

那天一大早，爸爸开车载着我准备回承德老家和妈妈会合，一家三口开开心心的一起消夏。车行走到中途的时候，我突然感觉车身一阵剧烈的晃动，紧接着就失去了知觉……醒来之后我发现自己正躺在医院白色的病房里，身边围着好几个穿白大褂的医生和护士，他们指指点点的似乎在讨论着什么。

看到妈妈满是泪痕的脸，我的脑子里满是疑惑，我怎么会在医院里，我不是和爸爸去承德了吗？四处观望却不见爸爸的身影，我不禁焦急地询问妈妈：爸爸呢？

妈妈见我醒了过来，不知是欢喜还是痛苦地哭了起来，她擦干泪水，攥紧我的手说："孩子，你总算醒了！你爸爸没事的，他出差去了，你安心治病，等你出院了，他自然也就回来了！"

听了妈妈的话，我自然是深信不疑，心想只要爸爸没事就好。我下意识地移动了一下身子，忽然觉得自己身体的某个部位有点不对劲。掀开被子一看，我一下子惊呆了：天哪，我怎么只有一条腿了？我以为自己在做梦，用疑惑的眼神去看妈妈，妈妈的眼里饱含着泪水，仿佛是在告诉我这一切都是真的。

面对噩梦般的现实，我随即爆发出了绝望般的号叫，因为我实在不能接受缺了一条腿的残酷事实，我不要做残疾人！我不要自己下半辈子靠轮椅和拐杖生活，我不要……我在医院里疯了似的大喊大叫，心里充满了恐惧。

面对痛苦欲绝的我，妈妈也悲痛万分，搂着我哭成一团……

被锯掉一条腿，几乎让我对生活失去了希望。半个月之后，医院准许我出院回家休养，可我心里的伤痛谁能修补，谁能医治呢？

但我没想到，新的悲痛正在迎接着我。回到家，我才明白了一切，原来这场车祸不仅夺走了我的一条腿，更是残酷地夺去了爸爸的生命！妈妈不想让治疗期间的我过于伤心，才一个人默默担起了一切。

人世间最痛苦的事莫过于失去亲人和朋友，遭遇家庭重大变故的我，仿佛一下子从天堂坠入了地狱，世界顿时变得一片黑暗。那么慈祥的爸爸说没就没了，那么健全的一个正常人突然成了残废，这是多么痛苦的事情啊，无论如何，我都没法接受这样惨烈的现实！这期间，我想到了很多，想起了爸爸，想起了昔日一家三口快乐如风的日子，越想越伤心……

我觉得生活是极端残酷而不公的，为什么老天爷偏偏要将这些不幸全都强加到我的头上呢！我幼稚的肩膀如何承受得住哦！

想到从此以后，我再也不能做一个正常人，不能和别的孩子一样快乐肆意地玩耍嬉闹，再也没有办法实现自己当一个足球运动员的梦想，再也……总之，我必须与很多很多的东西永久地决裂了。

想着想着，我就觉得生活无望，我甚至想到了死，也许对我来说，死亡才是真正的解脱。这样，就再也不用拖累别人，再也不用折磨自己了。

因为生活上的不如意，我的性格也变得异常的乖戾，经常为了一点小事而莫名其妙的发怒。

有时候，妈妈下班回来得稍晚了一点，我就赌气地坐在自己的房间里不搭理她，等她摆好了碗筷，将我推到饭桌边的时候，我却生气地一把将碗筷拂到了地上，小碗“哐当”一声掉在地上摔碎了，妈妈泪眼涟涟，她无声地弯下腰去收拾残局，接着又换来了一副新的碗筷。

……

那时候，不懂事的我，只意识到自己的痛苦，从来就没有为默默承受着丧夫之痛的妈妈想过。妈妈从来不当着我的面流泪，面对我的时候，她总是表现得很坚强，我知道她是在试图感染我，希望我乐观向上。

出院后很长一段时间，我很少与人说话，包括妈妈。我不想上学，因为害怕见到熟人，害怕遭遇别人异样而同情的目光，我无法面对别人，更无法面对自己，我的生活变得紊乱而无序。

妈妈要上班，要养活这个家，不可能天天陪伴着我，因此，白天大部分时间我只能一个人待在家，或看电视或发呆，心情非常低落。

很多次妈妈似乎想对我说些什么，但她张了张嘴，却什么也没说出来……其实我心里明白她想说些什么，她想让我振作，却又觉得简单的说教实在太过苍白，她以为时间会过去，伤痛会淡化，我也会渐渐想得开，接受现实并勇敢地面对生活。

也许她担心我独自在家的时候太寂寞了，专程跑到新华书店给我买回了一大包书。妈妈不知道我究竟喜欢看什么类型的书，这些书都是书店阿姨帮着挑的。

我心想：电视看多了也腻烦了，那就看看书吧！

妈妈上班去了，我将她买回来的书摆在自己的书桌上，可翻了几本都觉得没劲。后来有一本书吸引了我的眼球，那是一本外版书，叫《假如给我三天光明》。

起先被这个书名所吸引，但很快被书中主人公的感人经历所打动，我不得不承认，这的确是一本震撼人心的好书，也是我从小到大，第一本不忍卒读的书。或许是因为主人公与我的命运有着某种相似之处，引起了我内心深处的共鸣吧！

我为海伦·凯勒从小的悲惨命运而深深叹息，为她的不屈抗争精神所鼓舞。不幸的海伦·凯勒最终克服人生的种种困难，成了举世闻名的大作家。

与海伦相比，我仅仅是少了一条腿，但我的手可以写字可以劳动，嘴巴可以说话呀！我为自己的懦弱、绝望、萎靡而汗颜。

对，我应该坚强起来！我突然感觉到自己的眼前豁然开朗，变得一片光明，为什么我不能学习海伦·凯勒去拥抱生活、拥抱光明呢？再说了，我不是也爱好文学吗？为什么我就不可以写作呢！想到这里，我忽然感到浑身增添了一股无穷的力量。

那天晚上妈妈回家之后，我招呼她在自己的身边坐下，这是自从出车祸以来，我第一次主动与妈妈交谈，我和她一起畅谈起了海伦·凯勒不平凡的一生，当然谈得更多的是这本书对我的影响。

妈妈说："现在你爸爸已经不在了，凡事我们都要依靠自己，任何困难都不能回避，虽然你缺了一条腿，但至少你的脑子还能转，你的身体还是健康的，所以你应该振作起来！要知道，对妈妈来说，所有的希望都寄托在你的身上，所以你一定要争气！一定不能自暴自弃，要像海伦·凯勒一样自强不息，知道吗？"

听了妈妈的话，我一个劲儿地点头，是啊，任何时候我们都不能被困难吓倒！

我觉得我不能一直待在家里，我不能荒废了自己的学业，我还有很多事情要做……我一本正经地对妈妈说："妈，我要去上学！"

听了我的话，妈妈欣慰地笑了，很快，我如愿以偿地重新坐回了教室，虽然我不得不留级重新开始，但我还是用极大的热情投入到了新的学习生活之中。原本以为迎接自己的将会是他人鄙视的目光，让我没想到的是，进教室那天，自己受到的竟是全班一片热烈的掌声，我的眼泪湿润了……

生活、行动不便成了阻碍我前进的最大障碍。开始的时候，妈妈每天都推着轮椅送我上学，我觉得妈妈实在是太辛苦了，每天要上班还要做家务，负责照顾我，已经很累了。如果还要让她每天那么早送我上学的话，那实在是太辛苦了，看着她脸上憔悴的神情，我觉得一阵阵心碎。我不想让妈妈太过劳累，后来我开始尝试拄着双拐自己上学，我要自食其力。

这样，我依靠自己的力量重新"站"了起来，虽然我的身边多了一副拐杖，但我倔强的身影却从来没有倒下，一如我的灵魂。我感到了与困难作战的快乐。

中专毕业以后，我没有像别的同学一样走上工作岗位，那样的生活不一定适合我。我选择了在家创作的道路，这是我的兴趣所在，而且我相信自己能在这条路上做出成绩。

创作时遇到曲折坎坷也是难免的事，但只要一想到海伦·凯勒，我的心中就会油然而升出一股莫名的勇气，然后埋下头去继续写作。

功夫不负有心人，三年来，我相继在国内许多报刊上发表了小说、散文等作品，更值得高兴的是，我的第一本自传体长篇小说也即将问世。虽然，我还不能称为什么名作家，但我却实实在在地尝到了奋斗的乐趣、成功的乐趣。

我一直觉得，如果不是母亲默默地支撑和引导，我就无法重新站立起来，更无法走到今天。

海伦·凯勒有一位称职的老师，我有一位伟大的母亲，她将海伦·凯勒迎进了我的生活中，也将光明和希望撒在了我的世界，让我重拾起了生活和奋斗的勇气。

金钥匙

失去父亲又失去一条腿，峰的确是不幸的，但是让人感动的是，虽然承受着巨大的打击与压力，他的母亲并没有倒下，依旧坚强地站立，为孩子撑起了一片蔚蓝的天空。

如果说海伦·凯勒改变了峰是一种偶然，那么峰有这样的母亲，其命运的改变将是一种必然。

枫，20岁，北京某大学二年级学生，第一次高考落榜后一度想出门打工。

父亲的话激励我一生

感谢父亲用朴实的语言为我的人生增添一笔宝贵的财富，父亲那句话将激励我的一生。我想，无论我遇到了怎样的挫折，都应该做一个不折不扣的卒子，永远选择前进。

我是一个农民的后代，没有什么值得炫耀的家庭背景，但是我这人福大命大，从村里的小学考到镇上的初中，又从镇上的初中考到了县城重点高中，虽几经波折，最终还是进了北京大学。

当初考上重点高中的时候，我的成绩只是班上的第23名，可我的心里有一团燃烧着的烈火，强烈的进取心促使我不断刻苦努力。到高一期末时，我在班上的排名已经前进到了第13名，高二下学期，我更是一鼓作气地冲入了前5名，进入高三以后，我已是班上的前3名了。

因为学习成绩上的飞速进步，同学和老师都对我刮目相看，我也随之成了老师眼中的宠儿，同学们争相学习的榜样，心里的志得意满是自然的，但我并没有过分骄傲，只是很自信，面对即将到来的高考，我坚定地认为只要自己发挥正常，应该是能够取得一个不错的成绩的。

谁知道希望越大，失望也就越大，命运偏偏在高考前夕残忍地捉弄了我。

离高考还有几天，我突然患了牙龈炎，高烧不止，我不愿意落下功课，于是强忍着病痛每天继续上课、听讲、做作业，但是因为我的身体原本就十分虚弱，加上牙疼，精力跟不上，我有点不堪忍受。

那两个星期正是高考前夕最关键的冲刺阶段，别人争分夺秒复习得热火朝天，而我多么渴望能像别人一样一身轻松地备战啊，可身体上的病痛却让我觉得有些力不从心。

高考很快来临，我只得忐忑不安地迈入高考考场。说实在的，对于这次决定性战役，我的心里一点儿没底。

事到如今，我一直不敢回首那年高考的不幸往事，只记得那年7月，天好热好热。考试一结束我就知道大事不妙，因为高考三天下来，我竟然一点感觉都没有。

接下来是估分，其惨烈的结果让我简直想自杀，我知道自己这次算是彻底的完了，可当时鬼迷心窍的我却在自己的第一志愿填报栏里写下了四个惊天动地的汉字——北京大学！考上北京大学的确是我一直以来最大的理想，但对于高考后的我来说，却是个不可能实现的奢望。

看着我的志愿表，班主任的眼睛眯成了一条缝儿，激动地围着我转了好几圈，他以为我一定是有把握才会这么填的，是啊，谁会拿自己的前途开玩笑呢！

老实巴交的父母压根儿不知道志愿该怎么填写，只是隐约觉得北京大学是座高不可攀的圣殿，因此未免有些心情忐忑。

而我却清楚地知道自己考得相当糟糕，反正考不上了，那何不干脆填得更高一点呢？结果其实都是一样的，那就是——落榜！

没有揭榜的那段日子里，作为一名参加高考的学生，免不了要受到别人的格外关注。走在街上，任何一个熟悉你的人都可能突然想起什么似的与你打招呼，颇为关切地问你考得怎么样？每当遇到这种情况的时候，我就轻描淡写地回答不怎么样，试图就此逃脱。若是他们穷追到底，譬如问我：那你想上什么样的大学？我就会干脆地回答我想上北大！听了我的话，他们嘴里忍不住“啧啧”地羡慕着。

我填报北京大学的消息像插上了翅膀似的，很快就传遍了四邻八落。

那些日子，许多熟悉的不大熟悉的、近的不太近的人有事没事便往我家跑，夸了我，又夸我的父母，说是我家的祖坟选得好，难怪家里要出状元。

有些做家长的未免要感叹自己家的“杂种”不争气，不好好学习，还要带着孩子一本正经地向我讨教学习经验，仿佛我已经被北京大学正式录取了似的。

二叔是在我家坐得最久的人，他这两年经营钢材着实发了点小财，而我家因为要供我读书，所以一如既往地贫穷着，正因如此，他一向都有些看不起我们。平日里，二叔很小气，即使旁人从他家里沾出一脚鸡粪他也会心疼半天，可这回他却破例变得大方起来，信誓旦旦地向我许愿说：侄儿，只要你能够考上北京大学，没的说，第一年的学费我包了！

看着二叔眉飞色舞的样子，想到孩子的学费总算有了着落，父亲高兴得不知说什么好，坐在一旁直搓着手看着我笑。

但我清楚地知道这件事情的虚拟性，只要我没有考上北大，这个命题从根本上来说就是完全不可能成立的，所以从始至终，我的反应都很冷淡，更不会像父亲那样及时地献媚二叔两句。

高考的结果如我所料，我考了个超低的分数，见不得观众，这让所有寄望于我的人都大跌眼镜，老师摇着头说：“枫这孩子原本是很有希望的，但是没想到这次竟然……唉！真可惜啊！”

父亲急得直挠头，他都做好了送我去上大学的准备了，这样的“噩耗”传来，他一下子怎能承受得了？他有些惶恐地试探着问我：是不是改卷有些问题？分数统错了？要不咱们找人去查分数？

我表情漠然地摇了摇头，表示自己已经接受了这个残酷的现实，因为我知道，这次考试的结果本就如此，无可更改。

虽然是意料之中，但是得知落榜消息之后的那几天，我还是心痛至极。虽是炎炎夏日，我却是不寒而栗。

从7月到8月，我亲手制造了一场轰动不小的闹剧，闹剧的作者和主角都是我，左邻右舍都将我的事当成了饭后茶余的笑料。因为我的落榜，连累得父母在人前羞愧得抬不起头来，原来常到我家坐坐的亲朋好友再也没有向我家迈进一步，他们的眼神中充满了鄙夷和不屑，我在他们眼里成为一个不诚实的孩子。有一次在路上遇上二叔，他掏出一根烟来，点燃之后，看着我说：“北京大学考上了吗？”难道二叔还不知道我落榜了么？我沮丧地摇了摇头。

“我说，咱们家祖坟不好，从大清朝算起，就没出过读书人，世世代代的本分农民，你也甭癞蛤蟆想吃天鹅肉了，干脆跟二叔学做生意吧！我那里正好缺人手，这样也好减轻你爸妈的负担，你看怎么样？”

听着二叔的话，我感到一阵锥心的痛，特别是“癞蛤蟆想吃天鹅肉”这句话深深地伤害了我的自尊。但二叔毕竟是我的长辈，何况我本身就没考好，只能委曲求全地夹着尾巴做人，我支支吾吾地说要回去跟父母商量。

直到此时，我才为自己当初的无知而感到后悔莫及，如果自己不那么草率，还推波助澜搞得世人皆知，父母也不会因我而受到如此深重的伤害，我也不会受到别人的这般羞辱。

那个暑假，是我过得最狼狈、最迷糊的一段日子，那种痛彻心扉的感觉使我终生难忘。痛苦、绝望使我心力交瘁，头脑里那根敏感的神经无法接受任何刺激，听到别人谈论谁谁又考上了大学，我仿佛觉得那似乎是在嘲笑我；听到凄婉的歌声，我觉得那是为我所唱。任何一样东西都有可能使我陷入无限痛苦的回忆之中，甚至电视里的喜剧也会使我莫名的泪流满面。我无法忘记——我是一个彻头彻尾的失败者，因此只能在虚幻的小说和无望的酣睡中忘却烦恼。

由于我的原因，整个家里也仿佛罩上了一层阴影，为了不影响我的情绪，父母不再大声说笑，不再谈论高考，甚至连电视也不看了，他们以为一向要强的我很快就会振作起来，没想到我的精神已经彻底崩溃，那受伤的灵魂已处于麻木状态，整个暑假过去了，我依旧处在徘徊状态，始终不能回过神来。

考上大学的同学陆陆续续地走了。想起昔日的好友也许正漫步在大学校园里，在鸟语花香的鲜花丛中享受浪漫人生；而我所面对的却是一片冰冷的世界，我简直心如刀割。

一些落榜的同学不甘失败，于是坐进了“高四”班的教室，以便来年再展雄风，只有我还闷在家里，在失败的阴影中独自伤感。

关心我的亲朋好友都劝我再去复读一年，说什么“在哪儿跌倒就在哪儿爬起来”！父母的意思也是这样的。我也在心里一次又一次地告诫自己一定要振作起来，振作起来。

但经历这次打击之后，我已心灰意冷了，也听不进任何人的劝告。我想，或许上天早就注定我此生没有读书的命，要不然为何偏偏在高考前让我大病一场呢？于是我放弃了复读的打算，任凭父母如何的百般劝说也无济于事。

其实，我比任何一个人都想圆自己的大学梦！但我又很害怕：要是复读了，明年又一次名落孙山，那该怎么办？

人说：高考无门，脚下有路！我又何必在一棵树上吊死呢！三百六十行行行出状元，只要努力拼搏，我相信照样能够闯出一条属于自己的路来。

反正，无论如何，我是再也不能继续拖累父母了，因为我已经18岁了，这些年来，他们为了供我读书已经付出了太大的代价，实在太苦太累了，现在是该我站起来为家里分担忧愁的时候了。

二叔那里我是不会去的，我受不了他那种高高在上的神情和对我们家的鄙视，经过深思熟虑之后，我打定了主意——出门打工。

对我来说，目前最好的选择莫过于到南方去淘金，因为我们身边有不少像我这样的年轻人到广东、浙江、福建等地打工去了，看上去他们似乎还混得挺不错的。我想，自己作为一名高中生，多少还有点儿文化，只要肯学肯钻肯吃苦，就没有越不过的坎。通过自己的努力，我一定能在社会上站稳脚跟！

经过反复考虑，我把自己征战的第一站暂定为深圳，因为那边的熟人多，机会也多，再不济也不至饿死街头。

那些日子，我真的已经放弃了再进学校大门的奢望，接受了出门做一名最普通的打工仔的命运。现在想来，如果那年9月我真的成行了的话，如今的我究竟是在烈日当头的建筑工地上汗流浃背，还是在机器轰鸣的工厂里麻木地流水作业呢？

直到今天，一想起那段迷茫的日子我依然有些后怕。感谢我的父亲，感谢他在我临行前与我下的那盘棋。

父亲已经很久没有这份雅兴了，一来年纪大了眼睛不好使，二来整天杂事缠身抽不出空来，这次因为我要出门打工，父亲提出要与我下盘棋，也算是在临行前为我送行吧。说干就干，我迅速地搬过来椅子，摆好了棋盘，等待着和父亲过招。

父亲的棋着老道，思路清晰，时常设下陷阱等我往里掉，弄得我防不胜防。很明显，我不是他的对手。不到半个小时，我越走越难，父亲仅用两车一马的代价就把我的车马炮全部给吃掉了。无奈之下，我只能过卒。父亲似乎看出了我的意图却有意让我，并没有阻拦我的卒子。

当我把所有的卒子都压过去的时候，父亲抬起头来望着我说："枫儿，如果现在我拿'车'去'杀'你的卒，你该怎么走？"

我不解其意，没有回答。

父亲接着又说："你想赢我就必须前进，对不对？而且无论如何你都无法让你的卒子往回走！"

父亲说的是，冲锋陷阵的卒子的确只能接受这样的命运与挑战。棋下到这里，父亲忽然想起了什么似的，叹了口气，拍着我的肩膀说："其实，现在的你何尝不像这过河的卒子？已经没有了退路，只能勇敢前进啊！"

听了爸爸有意无意所发出的感叹，我犹如醍醐灌顶一般醒悟过来。是啊，现在的我已经没有退路了，我已经读了12年书了，古人十年寒窗为的就是终有所获，而我如果因为一次失败就气馁、丧气，甚至选择放弃的话，那不就证明自己在这条路上已经走到死胡同，真的到了穷途末路、彻底失败的地步吗？那我岂不是辜负了父母多年来消耗在自己身上的一片心血？

我一下子明白过来，选择退学，不仅不能为父母减轻负担，只会让他们伤心痛苦，给予他们更大的打击！

我无语凝噎，手里拿着卒子，久久没有动静，眼泪却默默地流下来了。我抬起头来对爸爸说：爸，过河的卒子不回头，我要继续上学，你们明天就送我上学去吧！

听了我的话，父亲明显一怔：怎么，真的不去打工啦？

不去了，我说。

父亲终于露出了欣慰的笑容，他高兴地说："这就对了嘛，人生哪能一路平坦呢？刘欢不是唱过一首歌吗？——看成败，人生豪迈，只不过是从头再来！你就勇敢的做那一枚过河的卒子，大胆地朝前走吧！爸爸妈妈永远支持你！"

坐在"高四"班的教室里，我全身心地融入了学习当中，每当我在学习上有所懈怠的时候，就忍不住想起爸爸与我下的那盘棋，于是全身平添了一股力量，重新振作了起来。

一年后的高考，我发挥出色，志在必得的我再次在志愿表上郑重其事地写下了"北京大学"四个字。

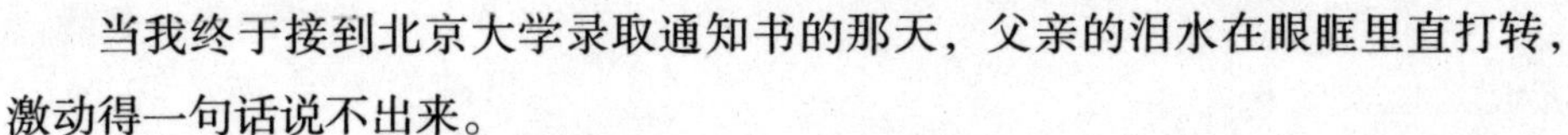

当我终于接到北京大学录取通知书的那天，父亲的泪水在眼眶里直打转，激动得一句话说不出来。

我们那里有一个固定的习俗，凡是谁家的孩子考上大学，都得请老师、亲朋还有四邻喝喜酒。酒席上，大家对我一片赞誉，许多人议论纷纷地说——

“去年，这孩子差点就考上了，只是差了几分，实在是太可惜了，今年总算如愿了！”

“我早就看出来了，枫这孩子有异相，将来有大出息，你看，这不应验了么？”

……

二叔是酒席上最活跃的一个，他的眼睛眯成了一条线，“我侄儿，我侄儿”地嚷个不停，仿佛考上大学的是他自己的孩子一样。当着所有客人的面，二叔将一万块钱大洋交到我的手里，说要资助我读完大学，乃至出国留洋……

一直以来，我都在自己的心里默默地感谢父亲，他用朴实的语言为我的人生增添了一笔宝贵的财富，父亲那句话将激励我的一生。我想，无论我遇到了怎样的挫折，都应该做一个不折不扣的卒子，永远选择前进。

金钥匙

落榜是一件不幸的事，但是一次失败，并不决定一生的失败。作为家长，对于孩子的落榜要沉得住气，作为学生，对待落榜更不可自暴自弃。

枫的父亲虽没什么文化，却很有智慧。普通的一盘棋不仅让儿子深受教育，而且也改变了他的一生。

含，上海某大学二年级学生，曾因相貌丑陋、嫉妒情敌，企图用硫酸毁容他人。

父亲的电话挽救了我

我现在想想还不免心有余悸，3 年前的那个晚上，要不是父亲给我来了一个电话，我床底下的那瓶硫酸可能已经泼到了同学的脸上，如果真是那样的话，我不仅毁了别人，也毁了自己。

我自幼生长在一个不幸的家庭里，11岁那年，一向感情不和的父母离婚后，我随父亲一块生活。此后，父亲又当爹又当娘，拖着年幼的我追星赶月艰难度日。

尽管家里经济拮据，但当汽车司机的父亲还是省吃俭用供我吃穿上学，而我也明白父亲的一番苦心，为了安慰父亲，我对待学习特别用功，每次考试都是全年级第一名，年年都被学校评为三好学生。我的乖巧听话，让遭受婚姻不幸的父亲得到了一些难得的慰藉。

我考上中学的那年，父亲又娶了一个女人。本来我对父亲的再婚是持消极态度的，当时我心存疑虑：父亲有了老婆之后还会在意我吗？继母会不会打骂我？

然而继母没有我想象中的那么狭隘，进门后，她把我视为己出，有什么好吃好穿的，继母都想着我，我的内心感到了久违的温暖。特别是继母怀孕后，竟然提出打掉孩子，父亲问她为什么，她说：家里有含一个就够了，她跟我的女儿一样，我想她可能不愿意与人分享母爱！

听了继母的话，我非常感动。

虽然继母选择了不要孩子，但是我们的家庭却更加和睦了，一家三口日子过得非常的温馨。

然而，这种欢快的日子没有过多久，一场灾难却悄悄地降临到了我的头上。

那是初春的一天，我对镜梳头时，突然发现自己白净的脸蛋上长出了一颗颗小红痘痘。我问父母，他们轻描淡写地以为这是青春期少女的一种正常的生理现象。可我对此讳莫如深，并一头钻进了牛角尖，认为姑娘家脸上长这些不干不净的东西，不仅难看，而且容易被人误认为激素分泌过多、思想复杂，我好害怕周围的同学瞧不起自己，一种难以明说的阴影悄然袭上心头。

眼见快初中毕业进入中考了，我担心思想上的压力会影响学习，加上当时怕丢人，不敢去医院面对大夫的检查治疗，于是我自作主张地从商场买回了许多化妆品，每天在脸上抹上厚厚的一层，借此遮掩脸上的难堪。

结果事与愿违，我越往自己的脸上涂抹化妆品，脸上的红痘痘受化妆品的刺激却越长越多，这使我的心理上产生了极大的恐惧感，我眼见着自己那张脸由原来的光滑漂亮，到如今到处“高山耸立”，却又无法阻止，心里很恐慌，

由于过于注重这些事，我的学习成绩开始急剧下降。

本来我在学校的表现还是不错的，老师和同学对我的评价都很好，如今成绩突然下降，老师感到很奇怪，几次找我谈话都不见效，于是就对我进行了严肃的批评，说我学习不上心，整天不知道在想些什么，像丢了魂似的。

受到老师的批评之后，我的心里很难过，想来想去，总觉得现在自己这么难看，又不听话，成绩又在下降，老师肯定已经不喜欢我了，想到这里，我思想上的负担越来越重，情绪也因此变得极端敏感起来。

这年“五一”节，学校组织校外劳动，我因未带劳动工具与劳动委员发生了口角，对方骂我“也不拿镜子照照自己是个啥样”，我的自尊心受到了极大的伤害，回家伤心的大哭了一场。自此以后，我觉得脸上长这东西使自己在人前低了一等，平常不好意思正眼瞧人。每每见到向我投来友好目光的男同学，我总是很惶恐地避开，我太没有自信了。

为了摆脱这种痛苦的阴影，我意识到必须治本去根，彻底的治好自己的脸才是长策，我鼓起勇气开始寻医问药。此后，我先后到过好几家医院，中医西医也都相继试过了，但用药后收效甚微。无奈之中，我听人说，西医不如中医，中医不如偏方，说是很多疑难杂症，偏方一治就好。邻居家的三叔被蛇咬了之后不就是用别人提供的偏方治好的么？我觉得这话有道理。

从那以后，每天放学以后，我不走大街，专钻小巷胡同，目的只有一个，试图碰上一位身怀祖传绝技的江湖郎中，最好是忠厚的老人，授我以良药，用药之后，重新恢复了光洁的皮肤，像仙女一般神气光鲜，那该多好啊。虽然这种渴求每每失望，但我依然乐此不疲。

有一天周末，我在路边的电线杆上看到一张宣称能治粉刺、雀斑、青春痘的广告，心里不由一阵暗喜，随后，我按照广告上的地址找到了那家私人诊所。诊所里一位操着外地口音自称是大夫的男人很热情地将我迎进了屋，经检查后，他充满信心地说，你的脸上之所以长这么多痘痘，主要是因内分泌失调所致，只要你配合我们的科学治疗，保证药到病除。

听医生说得头头是道，我心里大喜过望，觉得自己果然幸运地碰上了高人，我迫不及待的向医生索要药单。医生却讳莫如深地对我说，要他的独门秘方也不难，但是为了表示诚意，要交纳200块钱的医药费。我来不及细想，此前我不知跑过多少医院，医生模棱两可的回答伤透了我的心，花过的钱何止200块，现在听说区区200块钱就能治标去本，觉得自己太幸运了。我爽快地一口答应了下来。

随后，医生给我开了两瓶暗红色的药水，并吹嘘他配置的药水是祖传秘方，用药半月内保准见效。

治疗心切的我不管三七二十一，回家之后赶紧将药水往脸上抹。此后，我每天都按照“医生”的叮嘱坚持用药，眼看半个多月过去了，不仅没有半点好转，脸上反而开始出现严重的过敏反应，皮肤红肿，疼痛难忍……病症不仅没有消除，反而越来越严重，我这才恍然明白上当受骗了，当即气得失声痛哭。回头再去找那家诊所算账，可是对方已是人去楼空。

经过这场“浩劫”，我的脸变得更难看了，有点“人不像人鬼不像鬼”的感觉，我羞愧得无脸见人。

父亲也没料到我脸上的病毒会那么严重，他和继母见我脸上的问题越来越严重，心里也开始发急了，父亲问我怎么搞的，我一五一十地向他说明了情况，父亲捶胸顿足地说：你做事情怎么不跟我们大人商量一下呢？像这种专打小广告的江湖游医是绝对不可信的！你看，现在可不……

看到我在一旁哭泣，爸爸赶紧住了口，安慰我说：“好了，事已至此也不必难过，我想总能找到办法的！”

为了治好我脸上的痘痘，爸爸专门请了假，一连几天领着我跑了好几家医院，钱花得不少，但治疗效果均不明显，脸上的红痘依然有增无减，更恐怖的是，一到夏天，脸上的红痘就开始溃烂流黄水，弄得面目全非，这使我几乎丧失了继续生活的信心和勇气。

在沉重的思想压力下，我顿感生活已黯然失色。初中毕业后，我说什么也不愿再升高中了。父母在多次苦劝无效的情况下，只得强行将我送进了技校，从小就梦想着上大学的我，就这样可惜地放弃了自己的理想。

尽管内心深处我对进技校也感到很委屈，但还是接受了眼前的现实。然而，面对新的环境，我依然不能放下沉重的思想包袱，依旧在人前抬不起头来。自从上过一次庸医的当之后，我对医生的治疗再也不抱什么希望了。总觉得是自己命不好，该当有此磨难，因此，一次次失去了治疗的机会。

这种讳疾忌医的心理，压得我几乎喘不过气来，性格也逐渐变得孤僻、少言寡语、不苟言笑，一双原本灵动如水的大眼睛也开始变得忧郁呆滞了。凡是学校举办的集体活动，我从来都是能躲就躲、能逃则逃，绝不积极要求参加，有同学主动和我交往，我都千方百计地回避，因为我觉得自己长得丑，不想丢人现眼，不想被人看不起。我的自卑心态，使自己与同学之间的距离变得越来越远，周围的同学都觉得我有些不可理解，暗地里就称我是“冷血动物”。

这话传到我的耳朵里后，给我受伤的心理蒙上了一层阴影，我觉得他们不能理解我，谁知道丑陋的容貌给我带来这么大的伤害呢?

平时，除上课和到食堂吃饭外，我几乎在同学面前很少露面，有事没事都闷在宿舍里深居简出。有时，同室的女友见我很苦闷，想趁星期天拉我去街上闲逛，可我坚决不去，如果室友继续坚持的话，我甚至会突然跟对方翻脸。这样的事经历两次后，大家都感到我既没趣，又很难相处，结果谁都不愿意和我住一个宿舍，我觉得周围的同学都看不起自己，因此显得越发的自卑了。

有一年冬天，我的表妹到学校来给我送新毛衣，有同学见了，无意中夸赞起了表妹，说她长得真漂亮。这话在我听来很刺耳，因为我觉得人家说表妹漂亮，不是在唏嘘做表姐的怎么那么丑吗？这不是在有意当着表妹的面讽刺我又是什么呢？我在自己的心中把夸赞表妹的同学视为仇人。

但是，我毕竟是名品学兼优的好学生，虽说心里不快，怨恨多多，但却并没有做出什么失去理智的事情来。为了克服这种苦不堪言的伤痛，我把所有的精力都投放在了学习上，试图用拼命地苦读来弥合内心的伤痛。

我的苦心没有白费，在技校里，我的学习成绩始终名列全年级之首。有一次在全校计算机比赛中，我技压群芳，一举夺得大赛第一名。当我站在领奖台上手捧鲜花、奖品的那一刻，我却怎么也高兴不起来，双眼居然涌满了泪水。

转眼，技校生活过去两年了，同学们都处于十六七岁——情窦初开的年龄，再加上学校在这方面管理得较为松散，周围的同学都忙于谈情说爱了。每到周末、节假日，当我看见成双入对的恋人结伴成行时，心里就很不是滋味。作为青春少女，我也渴望幸福甜蜜的爱情，但由于满脸的疙瘩使自己没有勇气去涉足爱河，这种怀春不遇的痛苦，使我渐渐失去了追求爱情的信心。

“五四”青年节这天，学校组织联欢会，像这样的集体活动，我平时是根本不参加的，但这一次学校要在联欢会上宣布全校“十佳”学员的评选结果，我是入围者之一，“十佳”的桂冠是否落到我的头上，是我十分关注的事情。因此，我只得硬着头皮去参加，这也是我入技校两年来第一次主动在集体场合亮相。那天晚上，我像做贼一样悄悄溜进俱乐部，不声不响地坐在最后一排。尽管如此，当宣布的名单中出现我的名字时，周围同学的目光还是搜索到了坐在最后一排的我。顿时，我在众人的目光下显得很尴尬，只得强压着心底兴奋的感觉，羞愧地低下了头。

“十佳”学员的名单宣布完，我转身就走，这时，学生会的主席连忙走过来将我拦住，说“十佳”学员是今晚联欢会的主角，无论如何也不能离开。我苦笑了一下，只得重新回到了自己的座位上。

晚会开始后，其他“十佳”学员都相邀进入舞池翩翩起舞，我却拒绝了别人的邀请，后来，学校团委会的一位男同学盛情邀请我跳舞时，我实在推托不掉了，只得起身与他跳了一曲。哪知在接下来的几首舞曲中，那名男生竟对我紧追不舍，一次次请我起舞。

青春的旋律既能使人陶醉，也能勾起人对美好未来的遐想。此时此刻的我，就沉醉在这美丽的意境之中了，在男孩有力的臂腕里，我的脸上渐渐泛起了红晕，我像所有的青春少女一样，尽情享受着这属于青年人的美好夜晚。

这次联欢会后，我对那位男同学留下了深刻的印象，一连几个晚上我都辗转难眠、心乱如麻，一向对爱情不抱什么希望的我有些怦然心动了。我想主动去与那个男孩接触，但终归没有这样的勇气。

直到有一天，那名男同学突然出现在了我们教室的门外，他鬼鬼祟祟地朝教室里望了一眼，开始我以为他来找自己，不由得心跳加速，胸口像揣着一只乱闯乱撞的小鹿，见他在门口犹豫不决，迟迟没有行动，我有些着急了，刚想开口叫他的名字，主动打招呼，谁知他却叫了另一个女孩子的名字，接着同宿舍的玲红着脸走了出去，我心乱如麻，一下子怔在了那里……

后来，我才知道，玲正是那个男孩的女朋友，他们俩交往已经有了一段时间了，得到这样的消息时后，男孩在我心目中的形象顿时轰然倒塌，我的心里也变得酸溜溜的，刚刚涌起的对爱的渴望霎时也化为乌有，我不由得陷入了深深的痛苦之中，原来一直以来，都是我在自作多情啊，我感到自己是那么的卑微与可怜！

我想将那个男孩夺过来，可是我凭什么呢？我没有漂亮的脸蛋，没有富裕的家境，作为丑八怪的我自卑透顶，男孩潇洒英俊，怎么会看上我呢？

我想一心一意地把全部的精力放在学习上，也许随着时间的推移，我的心情会渐渐平服，可我不能，我还是在想着那个男孩，我觉得也许将我脸上的问题解决好了，自己还能与玲拼一拼，没准还能夺回那个男孩呢！想到这里，我狠下心来，无论如何也要将脸上的病治好。

经一个朋友介绍，我定期到一家皮肤病防治所去接受治疗，可一个月治疗下来，依然未见明显疗效，我彻底失望了。无论医生怎么好言相劝，我一句话都听不进去，走出医院大门的那一刻，我的脑海中一片空白，开始感到生命已对自己没有什么意思，蓦然萌生出一死了之的可怕念头。轻生的念头如毒蛇一样缠绕着我。

我时常觉得生不如死，看着自己的心上人搂着别人的肩膀笑得一脸的灿烂，我感到自己的心在滴血。我不明白这个世界为什么这么不公平，玲，跟我同年，什么都有：漂亮的外表，殷实的家境，英俊的男朋友，优秀的成绩；而我除了学习成绩还能凑合之外，几乎一无是处，外表丑不堪言，没有一个人喜欢我……

思前想后，我感到气血上涌，一阵阵莫名的悲愤涌上心头，我忽然意识到是玲夺走了原本属于我的那个男孩，是她抢走了属于我的唯一、也是最重要的快乐，我要她为此付出代价。我感到心里极端不平衡：为什么她能有的东西我不能有？我没有的东西她也别想有！

我的心中坚定了一个邪恶的念头——无论如何也不能让她一个人独自霸占着那个英俊的男孩！

无独有偶。大约过了一星期，一件偶然的事触动了我那扭曲的神经：不知就里的舍友玲居然让我代为向那个男孩传递情书！我觉得很悲愤，心想：你夺走了我的心上人不说，现在还想让我从中穿针引线，这不是嘲笑我是什么？想到他们俩幸福的样子，我的内心就升腾起一种难言的苦涩，我仿佛看到了这样的场景：一边是热热闹闹的二人世界，一边却是形单影只、顾影自怜，被人歧视的可怜惨状。我无论如何也难以面对这样的巨大落差，我的心里如同被人切割一样错乱了，一种由自卑产生的忌妒心理，很快将对方视为自己发泄仇恨的目标，我在心里对玲起了罪恶的念头——我要毁了她，即使我得不到那个男孩，心里也会好受些。

对付一个漂亮讲究的女生最残忍的手段就是毁去她的容貌，我想过用刀划伤她的脸部，但是没有下手的机会，再说现代医学这么发达，刀伤也许可以治疗。那么，唯一的办法是泼硫酸了，我从不少杂志上看过这样的报道，硫酸那么厉害，想她玲凭借血肉之躯，无论如何也是抵挡不住的。

当时，我也曾考虑过与玲同居一室的交情，尤其是在我心情不好的时候，她曾经给了我许多安慰和帮助。对这样一个曾经帮助过自己的人下毒手，我也感到有些于心不忍，在接下来的几天里，我都害怕回宿舍见玲，总是在教室里待到很晚很晚……

多少个夜晚我望着街上渐次亮起的街灯，心头不禁幽幽发酸，悄悄掉起泪来。但作案的欲望却一天比一天强烈，我心想：谁让你和我同住一个宿舍？谁让你夺人所爱？怪只怪你命不好，活该倒霉！

我准备实施复仇计划的那天是周末，宿舍里只有我和玲两个人，这对我来说是一个绝好的机会。我和玲有一搭没一搭地聊着，床底下的那瓶硫酸在提醒我，一等玲上床熟睡，我的计划就可以付诸实施了。

可不巧的是玲刚刚开始睡觉，宿舍里的电话骤然响了想来，我感到一阵害怕，这或许就是做贼心虚吧。电话还是接了，是父亲打来的，他关切地问起我的现状，还叮嘱我说：孩子，在学校一定要与同学搞好关系，不要跟人闹矛盾，我很担心你！总怕你受人欺负。

我讷讷地告诉父亲：爸，没事的，我知道保护自己！

“还是要注意，别那么漫不经心的，阿强还不是挺好的？你知道吗？他出事了！”爸爸的语气里饱含着悲伤。

听到这样的消息我感觉一阵惊骇，阿强是我的邻居家的男孩，上个月我还在家里见到了他，他不是正读高三吗？他怎么啦？

“唉，这事说来话长，他和一个男生同桌，因为他成绩好，每次都将对方比下去，那个男孩心里不平衡，因妒生恨，居然将他从楼上推了下去，那行凶的学生也被公安当场逮捕……”

听了爸爸的话，我的心里受到了很大的震动，一直以来，我只想到发泄自己内心的愤恨，从来就没想过这样做的后果，要是我真的毁了玲，父母会因此伤心欲绝，我也会因此锒铛入狱，那么，我的一切就此毁了，父母的希望也会因此而落空……

为了使自己彻底地走出过去的阴影，我坐到了学校的心理咨询室，找到了心理医生，向他讲明了自己的情况。

医生叫我抬起头来，我不好意思地捏着衣角，因为我怕他看到自己丑陋的脸庞，可对方还在我的面前不断鼓励着，但我还是有些犹豫。

医生和蔼地问：那你为什么连抬头都没有勇气呢？

因为，因为我的脸实在长得太难看了，你难道不觉得吗？说出这句话后，我觉得很难过，仿佛自己的伤疤又一次被人揭开了。

我觉得你很美，首先我们必须探讨一下什么才是美？外表美是一种美，但是最高尚的美不是在外表，而在于心灵，不是有人说过吗？人不是因为美丽而可爱，而是因为可爱才显得更加美丽……

再说了，长得不漂亮的人不是照样获得了成功吗？拿破仑身材矮小却统帅千军；苏格拉底是个塌鼻子，这并不影响他成为哲学家……你为什么不能向他们学习呢？还有，治疗脸上的痘痘，也不是没有办法，你也不能急于求成，只要在正规医院里坚持治疗，我想你的脸肯定会有所改变……

听了心理医生的话，我的心里一下子变得豁然开朗起来。

此后，我昂起头来面对生活，我想只要学习成绩好，只要心地善良，这样的我始终都是美丽的，而且我的美丽没有折扣。

我一边积极地面对生活，一边接受治疗，一年后，我脸上的红痘痘逐渐消除，笑容重新爬上了我的脸庞，我在心里暗自庆幸：幸亏当初自己没有做傻事！

如今的我，生活在大学美好的学习氛围中，我也有了心中的白马王子，我感到太幸福了。

我现在想想还不免有些心有余悸，3 年前的那个晚上，要不是父亲给我来了一个电话，我床底下的那瓶硫酸可能已经泼到了同学的脸上，如果真是那样的话，我不仅毁了别人，也毁了自己。

金钥匙

嫉妒之心人皆有之，但是过分的嫉妒就是一种病态，在这种病态的心理驱使下会做出令人意想不到的错事来。这不仅毁了自己也毁了他人，危害社会。因此，作为老师和家长对学生适时的心理辅导是不可忽视的。

向阳，某师范大学一年级学生，曾经因妒生恨，企图杀人。

父亲的谈话给了我机会

在这里，我要感谢我的父亲，在我迷惘的时候是他无意间提起的那则新闻将我从死神的手中夺了回来，给了我一个重生的机会，给了我一个美好的未来。

我和向杰是从小一起长到大的伙伴，我比他年长一岁，我们俩既是血缘关系较近的本家弟兄，又是世代的邻居，两家的关系一直很好。

中考之后，我们又一同考进了区重点中学，这所学校的升学率历来较高，父母对我们考大学寄予了很大的希望。

高一下半学期，文理科分班的时候，我和向杰分别选择了不同的道路——他进入了自己一向喜欢的文科班；而我从当前的形势出发（我一直觉得理科比文科有前途，将来更好找工作），选择了理科，这也成了我们走向不同命运的分水岭。如果说此前我们的成绩一直是难分伯仲的话，这以后则渐渐拉开了距离。

事实是，向杰在文科班如鱼得水，学习兴趣很高，成绩也越来越好，而我在理科班却度日如年，在班上的排名不断下降，心里的压力也越来越大，有时候甚至想逃离周遭令人窒息的环境。

高三那年的 4 月，叔叔（向杰的父亲）到学校来看望向杰，当他发现向杰因学习过于用功身体消瘦的时候，毅然决定在学校附近租间房子，专门照顾向杰的生活，好让向杰顺利度过这高考前“最艰苦的岁月”。

听了叔叔的话，最初向杰有些犹豫，我们俩的家离学校有十几里地，他老爸若是到这里租房子照顾他，那一家三口靠什么生活呢？

向杰的父亲抽了口烟，抬起头来说：“没关系，我会想到办法的！”

说干就干，随后，叔叔干脆在菜市场租了个摊位，做起了小生意，一边维持生计，一边照顾向杰。我被叔叔的爱子之心所感动，人说“可怜天下父母心”，真是一点都不假啊！

我的父亲闻讯后，觉得叔叔这样做对孩子有好处，但他和我妈都是上班族，即便想跟向杰的父亲一样为我作出牺牲也抽不出时间啊！思前想后，父亲硬着头皮赶来找到向杰的父亲，提出看在本家的面上，能否让我跟向杰一道吃饭，伙食费咱们两家一家一半。

没想到，叔叔当即爽快地答应了，他还高兴地说：“我从小是看着这两个孩子一起长大的，就让向阳跟向杰一起做个伴，互相鼓励、互相促进吧！”

从那以后，我和向杰每天一起吃饭，一起上学，仿佛又回到了从前那段无忧无虑的快乐时光。

叔叔安定下来以后，对我和向杰一日三餐悉心照料，平时也经常叮嘱我们一定要好好学习，将来都考上大学，为家人争光。听了叔叔的话，我打心眼里十分感激，学习也更加认真了。

但是，不知道因为什么，我总觉得学习起来有点不得法，落下的功课也越来越多了，越是努力，成绩反而落下的越快，跟中了魔似的。我有点泄气了，认为凭自己的成绩肯定是考不上大学了，想来想去，我觉得很烦恼，于是惶惶不可终日。

因为思想包袱过重的缘故，我的精力难以集中，有时上课的时候都会突然走神，老师若是在这样的“紧要关头”将我叫起来回答问题的话，我往往会支吾半天不知所云，因为我根本不知道老师的问题究竟是什么。

班主任老师率先察觉到了我的异常，他将我叫到办公室谈心，叫我别太紧张，同时又与我父亲联系，给我增加一些物质营养。

听了老师的话，父亲咬着牙买了一大堆的补品，可我却怎么吃也提不起精神。看着向杰和身边的同学一个个拼命地学习，我却仿佛游离于整个圈子之外，从内心深处感到自己确实对不起生我养我的父母，对不起老师的培养。想到高考临近，自己将与大学无缘，心里感到十分害怕，常常夜不能寐。

5 月下旬，父亲再一次前来探望时，精神几乎崩溃的我恳求父亲将我带回去休息几天，我实在有点不堪重负了。

父亲用复杂的眼神看了看我，我知道在这个节骨眼上当逃兵，实在有点不光彩，可是我怕硬撑的话，自己在最后一刻会像一只被针扎的气球一般突然破裂……

在家的日子虽然没有老师的督促，同学们潜移默化的影响，但我却觉得心里空落落的，三天后，父亲催促我赶快去上学，我满脸不高兴，大叫着说：“你们就知道上大学，我成绩差，上不去！”

“能考什么样子就什么样子，你待在家里算个啥？”父母苦口婆心地劝说我。

无奈之下，我只好又去上学，继续和向杰一起搭伙。那天中午吃饭的时候，叔叔关心地问我：“向阳，你怎么了？现在好点了吗？”

面对叔叔关切的询问，我无言以对。

还是向杰多了一句嘴：“他好像有点厌学情绪。”

我依旧不吱声，叔叔为了顾全我的面子，并没有多问什么，只是简单的叮嘱了几句，叫我们都不要放弃，要好好学习，才对得起父母的一片苦心。

走在上学的路上，向杰正经八百地劝我说：“向阳，你不是说要跟我比比么？你现在不冲刺还等到什么时候？”

他的这句话让我坐卧不安。夜间，我默默地回想着自己多年的寒窗苦读，想到自己与向杰兄弟多年，同窗多年，一直是朋友也是竞争对手，我从来都不甘心输给他，可如今向杰极有可能考上大学（要不这样，他怎么会以长辈的口吻来教训我呢），而自己比人家大一岁还考不上（照目前这种态势发展下去，这种情况极有可能），回去怎么向父母交代，怎样面对邻居、亲友的白眼？

说实在的，如果没有向杰做衬托，我倒觉得心态很平和，但是有了他，情况就不同了，别人从小就喜欢拿我们俩作比较，如果我们俩在高考的重要关头，一个上了天堂，一个下了地狱，这样一来，我不就被别人看扁了么？

我在心里暗暗想道：都怪向杰，他要是跟自己一样也考不上的话，不就什么事都没有了吗？但向杰现在的学习正芝麻开花节节高，他又不可能停止不前，只要他存在一天，我的压力就增加一分，除非他在我的眼前消失。

那些天，与向杰在一起吃饭总让我觉得很腻味，向杰的一举一动都印在我的脑子里，想抹也抹不掉，这对我来说简直就是痛苦的折磨。

想来想去，我的脑海里突然萌发出一个可怕的念头：与其让自己受折磨，倒不如把向杰杀了，然后自杀，这样不是正好一了百了么？我觉得这个想法不错，就是死了也要找个人殉葬啊……

此后，我一直在寻找机会。

6 月 20 日，学校要求所有考生与家长联系，填报志愿。向杰回家后，很快便与叔叔商定了志愿，回校后又与几位任课老师碰头、商量、修改，一切进展顺利。而我竟然对老师的要求无动于衷，我不知道自己究竟该填什么样的大学，更不知道凭自己目前的水平究竟能上什么大学！回到家后，我什么也没说。

6 月 23 日，是学校规定正式填写志愿的日子，可我依旧按兵不动，老师都有些急了。这天，父亲心急如焚地赶到了学校，中午我回到小屋准备吃饭的时候，发现父亲、叔叔和向杰都在那里等我。父亲试图做我的思想工作，促使我尽快下定填报志愿的决心，但我的反应很冷淡，仿佛需要面对的根本就不是自己的事情一样。向杰也劝了我几句，但我依旧固执得转不过弯来。

下午两点，快上课前，父亲和叔叔又来到学校找我，发现我正一个人趴在二楼教室外的走廊栏杆上痴呆地望着远方。父亲轻轻地走了过来，安慰我说：“志愿还是要填的，试还是要考的，就是你只考了一分，我也不怪你！”

我嘀咕了一句：“我的志愿怎么填？我不知道有什么志愿！”

这时父亲 我说：“不知道怎么填？没关系，我们上楼，看看向杰是怎么填的，这样可以相互借鉴一下。”

我们中学的这幢教学楼主楼共四层，四楼仅中间一半有两间教室，两侧都是平台。向杰的教室就在四楼，正在教室填写志愿的向杰抬起头来望见了我、父亲和叔叔之后，马上走出了教室，朝我们微微一笑，先是告诉叔叔他将自己的一个志愿做了改动，然后又问我怎么样了。

父亲正好驼子拜年就地一歪，顺便请向杰指导我究竟该怎样填写志愿。经过与老师的几番交流，向杰也算得上半个填报志愿的专家了，听了父亲的话后，向杰满口答应，他拉着我的手走向西平台，我们俩边走边谈，不知不觉走到了平台北侧的围栏边。

向杰轻松地坐到围栏上，一条腿翘在上面，继续与我谈心，我则心烦意乱地来回踱步。我越是看着向杰神采飞扬的样子，越是感到一种难言的悲哀，心里暗暗想着："向杰，你怎么总是折磨我？既生瑜，何生亮？你要是不死我也没办法活了！"

但是，究竟该如何下手，我始终没能理出个头绪，想到那鲜血淋漓的惨状，我的心里不住地打颤。

正在这时，叔叔突然在远处吆喝："向杰，你不要坐在栏杆上，那里危险！"

叔叔的话一下子提醒了我，这里的围栏不高，刚及腰部，从楼上往下望去，下面是一块平整的水泥地，如果人从楼上掉下去的话，必死无疑。如果我将向杰推下去，结果会怎样呢？本来此刻就应该是绝佳的机会，向杰对我没有丝毫的戒备，而我又站在他的身边，只要稍一用力，向杰的生命就会宣告结束了……但我不能，父亲和叔叔正站在远方看着我们呢，我没有这份勇气。

我灵机一动对向杰说："向杰，我心里很烦，今天是星期五，反正晚上阳台上也没什么人，咱们就到平台上来好好谈谈心吧！"

听了我的建议，向杰点了点头。

我在心里暗想，今天晚上就是你的死期，你就等着瞧吧！我还想到向杰出了"意外"之后，我也不想活了，但我不想跳楼，头朝地摔得血肉模糊的太残忍了，我想为自己留个全尸。

我想方设法地弄来了近 40 片安眠药，我想这么大剂量的安眠药该足以置一个人于死地了吧？这样静静地死去，倒不失为一种解脱，面对死亡，我感到自己的心里很平静。

那天晚上，父亲没有回家，他买回了一大堆好吃的到叔叔的房子里，说是也要下厨房尽一个做父亲的责任。

晚饭之后，父亲坐在沙发上看报纸，我正在心里盘算着等会儿的行凶计划：

先杀了向杰，再写封遗书，然后服药告别世界……

正在一旁看报的父亲突然长叹一口气说：可惜啊可惜，一下子毁了两个孩子！

叔叔随即凑了过去，好奇地问："怎么了老哥，可惜什么？"

"你看，这里登载着一则消息——昨天晚上，南京某高校学生公寓发生一起惨剧，该校大四女生刘某惨遭室友张某毁容。

据报道，由于张某和刘某喜欢上了同一个男生，而该男生选择了刘某，张某心里觉得不平衡，觉得"刘某凭借一张妖精脸勾搭自己的心上人"，决定"毁掉她那张狐狸脸"，于是将一瓶硫酸泼到刘某脸上……

警方目前已经依法逮捕了张某，等待她的将是法律的严惩。

父亲将报纸抖得哗哗响，感慨万千地说："现在的孩子真不知道究竟是怎么想的，放着好好的日子不过，偏要害人害己，现在入监狱了吧？嗨，人活一辈子有时候走错一步就会后悔一生啊，其实有些事呢，想开了也没什么大不了，没必要走极端！那样的话，最后受伤的不仅是他人，还有自己，自己的亲人……"

父亲突然想起什么似的转过脸来对我和向杰说："向阳、向杰你们俩可要小心啊，犯法的事可做不得！"

说者无心，听者有意，父亲的话犹如一剂强针让我倒抽一口冷气。

要知道，我脑子里想的可比毁容有过之而无不及啊！

我想到，即便我真的神不知鬼不觉的将向杰推下高楼摔死，又有什么意义呢？他跟我往日无冤、近日无仇的，再说了，叔叔一向对我照顾有加，向杰其实对我也不错，换了别人，才懒得管你填什么学校呢！我这样做，不等于是恩将仇报了么？那我还算是个什么玩意儿？再说了，即使向杰死了，我服毒自杀，这样就能彻底解脱了吗？我的父母该怎么活，向杰的父母又该怎么活？

父亲无意间谈起的那则新闻在我的心里激起了巨大的涟漪。当天晚上，我如约和向杰到教学楼露台谈心，我们谈了很多，谈了这些天来我的彷徨、错乱，我们的手紧紧地攥在了一起。

大概向杰一辈子也不会想到有这么一天我曾经动过对他下毒手的念头吧！

自从打消了对向杰下毒手的念头以后，我的心里一下子轻松了许多，虽说，上大学离我还是有一定的距离，但我并没有就此放弃。

高考结束后，我的成绩很不理想，而向杰则顺利考上了大学，但我心里很不服气，我不认为自己比向杰差劲，我要从头再来，一定要走到他的前面。思前想后，我决定复读！

父母对我要求复读的感情很复杂，一方面他们希望我考上好的大学，能够出人头地，另一方面，他们又担心我的精神状态，如果重读高三的话，万一压力过大导致精神分裂怎么办？我向他们表明了决心，也打消了他们的疑虑，毅然地投入了复读的生涯。

终于，功夫不负有心人，一年后，我如愿以偿地考上了南京师范大学，也算是扬眉吐气了一回。

得知我被录取的消息后，向杰特地赶来祝贺我，他讪讪地说："兄弟，其实我也想考南师大，但考虑到录取分数线较高，我没敢填，真羡慕你啊！"

听了向杰的话，我笑了，其实没有他做参照物，我又怎么能够考得上呢？

也许，在人生的跑道上，我曾有那么一程落后于向杰，但我不甘示弱，最终通过自己的努力，迎头赶了上去。

身处大学校园，象牙塔里的生活很是惬意，但我并没有放松对自己的要求，我要和向杰在人生的道路上一直比下去。

在这里，我要感谢自己的父亲，在我迷惘的时候是他无意间提起的那则新闻将我从死神的手中夺了回来，给了我一个重生的机会，给了我一个美好的未来。

金钥匙

儿子一时的迷失让父亲感到很困惑，虽然不知道孩子究竟在想些什么，但是他却一直在想着真真切切地帮助孩子做点什么，这才是父母的最伟大之处。

向阳的父亲并不知道自己的孩子正在密谋行凶，然而他无意间提到的一则新闻却将孩子心中隐藏的罪恶的念头扼杀在了萌芽状态，这看似偶然，其实也有一定的必然性。看来家长对待孩子，就该像农民对待果树一样，一时之间长了虫子并不可怕，打打农药除除虫照样能结出光鲜的果实。

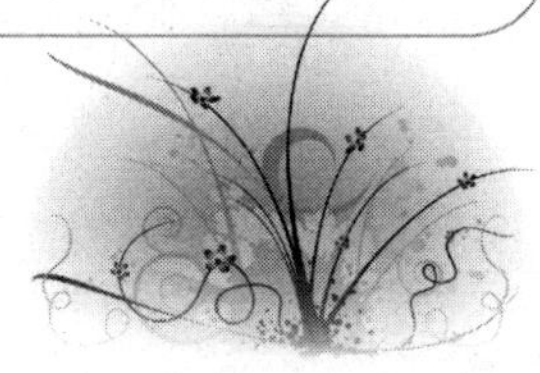

杰，四川某重点中学高一年级学生，曾有过数次抢劫行为。

妈妈给了我温暖

有了妈妈关心我、爱护我，我再也不用像个小乞丐似的受人鄙视与嘲笑，再也不用做拦路抢劫的勾当了。不敢想象，若是没有妈妈给我的那般温暖，今天的我该是怎样一种命运？

小时候，我生活在一个幸福的家庭里。在别人看来，父母事业有成，而我更是聪明可爱，一家三口其乐融融，实在令人羡慕。

本来，照这样发展下去，我的未来会是无限美好的。可是，谁也没有想到，我10岁那年，感情一向很好的父母突然闹起了婚变。我从母亲断断续续的哭泣中隐隐约约地得知，原来，随着地位的攀升和公司业务的扩大，父亲不可避免地频频出入高级宾馆酒楼，特别是他所从事的建筑行业，应酬日益增多，经历的诱惑也越来越多。这样一来，父亲从回家越来越晚发展到回家越来越少，终至十天半月不归家。

终于，原本美满幸福的婚姻危机发生了——爸爸被舞厅一位年轻貌美、温柔多情的小姐迷住了魂，遂向妈妈提出了离婚。

母亲本来在单位兢兢业业，在家相夫教子，过着与世无争的生活。为了丈夫的事业，为了儿子的健康成长，她可谓倾尽了全部心血，可现在，丈夫事业有成了，竟想一脚把自己踹掉，让这个好端端的家庭走向瓦解。一想起自己从前的百般付出，再想到丈夫现在的移情别恋，妈妈就气不打一处来，她坚决不同意离婚，并把这件事反映到父亲所在公司老总和妇联那儿，希望得到他们的支持。于是，一场离婚拉锯战开始了。

父母闹离婚，只有我夹在中间受尽委屈。以前总是飘出欢声笑语的家里不断传出争吵、打斗的声音，单位、妇联、居委会、法院的同志都上门调解过；而妈妈在经历了半年的离婚拉锯战后，感到身心俱疲，她对这个家也已经完全绝望，终于同意与爸爸解除婚姻关系。离婚之后，我被判给爸爸抚养。

10岁的我本该正值少年不识愁滋味的幸福时期，但当父母从恩爱夫妻到反目成仇而决然离婚时，我年幼的心理经历了大起大落，感到分外的惶恐不安，我不知道父母离婚后，自己将面临怎样的生活。

爸爸与妈妈离婚后不到三个月，就迫不及待地与那位妖娆性感的舞厅小姐结了婚，自此以后，爸爸每天拥着新欢吃喝玩乐，想着法子讨她欢心，根本就没有心思管我的学习与生活。

眼见父亲对自己不闻不问，继母又对我指桑骂槐，我感到很难过，为了不至于受到继母的欺压，每天回到家我都是战战兢兢的，生怕犯了事，引起继母的不满。

想起爸爸妈妈感情好的时候，对我百般娇宠，那时的生活是多么的快乐幸福啊，但现在这一切都不复存在了，每天只有父亲的漠视，继母的冷眼，我多次跑到自己的小屋里蒙上被子偷偷地哭泣。爸爸不管我，妈妈管不了我，这个世界上已经没有人能将我拯救出苦海了吗？我觉得心里很悲哀。

看着继母一天比一天阴沉的脸，我似乎有一种预感，更大的灾难正在等着我。果然，几天后的一个晚上，我在漱口的时候不小心将杯子打碎了，继母一见怒不可遏，抓起我就是“啪啪”两记响亮的耳光。

挨打之后，我只觉脑袋“嗡”的一声响，便软软地倒在了地上。这是10岁的我来到这个人世以来第一次挨打，我止不住心中的委屈，在地上号啕大哭起来。

继母一见，朝地上的我又是一脚。我的一声惨叫，终于引来了爸爸的干预。可是，他话还没说几句，继母抓住他又哭又叫：“你这个狠心贼，当初为了把我哄到手，说对我如何如何好，现在，我一进门就当后妈，家务一大堆，你何曾对我好过。特别是这个小兔崽子，我横竖都看不顺眼。你说，要我还是要他！！……”

眼看新婚妻子气得柳眉倒竖，露出河东狮吼的真面孔，爸爸一下子泄气了，不敢再为儿子开脱了。那一晚，我失眠了，不光是肉体的伤痛，还有比肉体更痛的心灵伤害，这使我小小的心灵背上了沉重的精神压力。

爸爸现在也是骑虎难下，他到现在才发现，原来自己新娶回家的妻子已不是那个娇俏可人、善解人意的小女孩，她已渐渐露出其好吃懒做、生活奢侈的本性。为了满足她日益膨胀的欲望，爸爸只得在外面拼命挣钱，他回家的时间自然是越来越晚。这对于我来说，噩梦就更加频繁了。

以前爸爸在家的时候，继母还有所顾忌，明目张胆地迫害我的时候并不多，现在爸爸不在家了，这个家就是她的王国，她每天坐在沙发上围着电视看肥皂剧，对我颐指气使，我不光要在继母的指挥下每天洗碗、拖地、倒垃圾、洗衣服，而且经常受到继母的打骂。因为家务繁重的缘故，我经常因为这而上学迟到，可老师却管不了这么多，不由分说地让我罚站、抄写课文，每当这个时候，我真的很想放声大哭一场，将心中积存的委屈一下子发泄出去。

跟着继母过日子，很多时候，我连饭都吃不饱，而继母因为有零食吃，自然不会觉得饿了。但我不敢向父亲说，而且我知道，即使向父亲说了，也不能改变什么，继母不但不会动恻隐之心，反而会对我变本加厉的折磨。

有时候看到继母看着电视发笑，我多羡慕啊，其实，我也很想看看久违的动画片，可是家里的电视被继母一个人“承包”了，哪还有我的份儿？无奈之下，我只得跑到邻居家和伙伴一起看。

邻居看到父母离异之后，我一下子变得蓬头垢面，身上穿得也是脏兮兮的，与以前那个天真活泼的小张杰相比简直像是换了个人似的，也觉得很痛心。

有一天，我在邻居家看电视，邻居留我吃饭，吃完饭后，爸爸过来接我回家，善良的邻居委婉地向爸爸提出，让他不要太过专注工作，也应该抽出一点时间好好照顾照顾家庭和孩子。爸爸满脸都写着彷徨和无奈，已然没有了以前的神采飞扬，看得出来，他在离婚又结婚后，精神已经变得有些麻木了。

居委会得知情况以后，曾经想出面来做我继母的工作，让她履行做母亲的责任，关心和照顾我，可这帮老太太的计划还未付诸行动，就遭到了当头棒喝。

因为家庭变故后，我的精神面貌和学习成绩都较之以往变得有些面目全非，班主任觉得奇怪，就上我家来家访，当她了解到我家的变故之后，对我非常同情，就从一个教师的角度，婉转地对继母提出忠告，希望她不要毁了孩子的一生。

谁知，班主任的话还未说完，继母就火冒三丈："喂，他又不是我儿子，他成龙成蛇关我屁事！至于在家里我们怎么待他，这全是我们家的事情，外人管不着！如果你觉得孩子在我们家受了委屈，你有本事把他弄到你家里去喂养，在这儿说风凉话自然轻松。妈的……"

继母一番不堪入耳的脏话，让还未结婚的班主任老师羞得抬不起头来，工作没做成，倒窝了一肚子的气，老师觉得很沮丧，只得怏怏离去，此后再也没有老师到我家来过，但他们对我的态度较之以前却好了很多，我想这种转变多半是出于同情吧！

事后，居委会的老太太们对继母也不敢轻举妄动了，看来他们也欺软怕硬，害怕继母泼妇骂街啊。

没有人来拯救我，我还得继续忍受着继母的折磨。

一天，我在学校做大扫除，回家晚了，我连晚饭都顾不上吃（其实也没什么吃的，泡面而已），赶紧猫进屋里写作业，因为当天的作业实在太多了，不抓紧的话我担心做不完，那样的话，明天上学就要挨老师的剋了。

直到晚上九点多钟，继母在外玩够了（可能是打麻将去了吧），才夹着烟哼着歌儿进了门，当她发现自己中午吃的碗，换下的衣服还未洗，抓起我又是一顿拳打脚踢，一边打一边骂：这么大的孩子我养你有什么用？一点事都不帮我做！还不如养条狗呢！养条狗还知道看家！……

继母的话很难听，她的拳打脚踢更让我觉得疼痛难忍。我的声声惨叫，让邻居感到毛骨悚然，无奈之下，他们拨通了110。警察按门铃进屋之后，继母才停止了打骂，当警察试着了解情况的时候，继母没好气地说："我在教育孩子，你们不要多管闲事！"说着就把对方挡在了门外。

警察走了之后，继母对我又是一阵好打。

第二天放学后，受尽折磨和委屈的我悄悄跑到母亲那里，希望从母亲那儿得到温暖。可是，让我感到失望的是，当时母亲正与几个女人在打麻将，见了我理都不理。好不容易等到麻将打完了，一算账，妈妈输了100多元，她脸涨得通红，对着我就是一顿臭骂："难怪我今天手气这么差，原来是你给我带来的晦气。你和你父亲都是一路货色，我见了你就烦。给我滚！"

我没有想到，以前那么和蔼的母亲，把自己视作掌上明珠的母亲何以变得这样凶狠？为什么自己的亲生母亲也不要我？我就这么让人讨厌吗？想到这里，我号啕大哭着跑回了家。

自此，缺少家庭温暖的我变了，性格既怪异又自卑。我觉得老师也对自己不那么好了，同学也不和自己玩了。在偌大的校园里，我常常一个人独来独往，我感到十分孤独，我甚至不想上学了。

终于，有一个周末，我从父亲的口袋里偷了20元钱，一个人悄悄乘车回到了乡下爷爷奶奶家。只不过几个月不见，自己的宝贝孙子竟然变得衣衫褴褛、目光呆滞，好似一个小乞丐，这让我的爷爷奶奶大吃一惊，他们把我搂在怀里恸哭。久未受人疼爱的我，扑在爷爷奶奶的怀里哭了个够。

在问清缘由后，爷爷奶奶气愤不已，当即带着我返回城里，准备找爸爸兴师问罪。谁知，继母见我回乡下搬来了爷爷奶奶，恼羞成怒，当着爷爷奶奶的面，抓起我又是一顿好打。

长这么大，爷爷奶奶都舍不得碰我一根手指头，现在见孙子当着自己的面挨打，爷爷心痛得不得了，忙上前劝解。在拉扯中，继母竟然将爷爷摔在了地上，并口口声声骂两个老东西多管闲事活腻了。

爸爸一向敬畏爷爷，刚才还站在一旁唯唯诺诺，准备好言相劝，先将两位老人稳住再慢慢计较，没想到这个女人竟然对自己的老父亲如此无礼，他再也忍不住了，冲上去对她狠狠两记耳光。

继母被眼前的这一举动惊呆了，半晌才回过神来："好啊，姓张的，你们一家老小一起来欺负我，咱们走着瞧！"说完，她把门重重一摔，冲出屋去！

见此情景，爷爷奶奶气得连饭都没吃，训斥了爸爸几句就回老家了，爸爸怎么劝也劝不住。

第二天，我放学之后回到家里，发现屋里一片狼藉，最不愿意看到的事还是发生了：那个狠毒的女人走了，她把家里洗劫一空，存折和值钱的金银首饰，一样都没有给我和爸爸留下。

面对这样的结果，爸爸仰天长笑，浑浊的泪水大颗大颗地滴落下来。那一晚，爸爸出去喝得酩酊大醉，在大街上睡了一晚。而可怜的我，那天晚上只吃下半碗冷饭，望着凌乱的家里，我感觉有点无所适从。

常言道，福无双至，祸不单行。就在爸爸又重新成为光棍加穷光蛋后不久，他又被免去了副总经理的职务。

面对免职，爸爸黯然神伤，这次免职完全是因为女人，也就是因继母而惹的祸。当初，为了满足这个欲壑难填的女人，他为建筑工地做了一批劣质材料，从中捞了好处费。幸亏公司发现及时，未造成质量事故。追根溯源，爸爸成了第一责任人，自然要承担后果……

家庭、事业连遭惨败，如今落得个人财两空的结果，这让爸爸自感在单位和邻居眼中有点抬不起头来，每天只是借酒浇愁。泡在酒罐里的爸爸哪里顾得上管我，悲剧的序幕就这样拉开了。

那天，我放学回家后，怯生生地告诉父亲，学校要交20元资料费，规定明天交清。爸爸一把将我的书包打落在地，打着酒嗝说：“资料费？我连喝酒的钱都不够，拿什么去给你交……”说完，爸爸跌跌撞撞地进屋睡觉去了，他才懒得理我呢！

父母离婚后，我的学习成绩一落千丈，早已不是昔日班上令人自豪的学习委员，而因为家庭变故和家中经济的窘困，我已经多次在班上出够了洋相。这次，我无论如何也要按时交清资料费，否则，又会遭到同学们的耻笑的，而我已经受够了遭人耻笑的辛酸，不想再过这种日子。

晚上，我满怀希望地来到母亲那里，希望母亲给我点钱，帮我渡过难关，可母亲家的门紧锁着。好心的邻居告诉我，我母亲下岗了，现在每天晚上都去很远的一家干洗店打工，要深夜才会回来的。

我一听，禁不住悲从中来，想不到原本好好的家一下子落到了这步田地。那晚，躺在床上，我辗转反侧，怎么也睡不着，我在苦苦思考，究竟怎样才能交清资料费。

已经凌晨两点了，爸爸还没有回来，八成又在哪儿喝醉了。

父亲回来的时候，我早已睡实了。第二天早上，我在家磨磨蹭蹭的不愿上学，我想等父亲醒后再次向他要钱。可当我怯生生叫醒睡眼惺忪似乎还没有醒过来的父亲，说出要交钱的话后，父亲依然极不耐烦地把手一伸：“没钱！”说完，他披上衣服上班去了，留下我一个人呆在屋里。

我见最后一线希望也破灭了，只好硬着头皮去上学，走在上学的路上，我一直在想，是不是要编造一个谎言，譬如说家人出差去了？缓一缓再说？可是老师会相信吗？老师肯定会说：知道了，又是你在拖班级的后腿！我感到自己的脸有点燥热，一股羞愧的情绪随之涌上心头。

看着那些嘻嘻哈哈如快活的鸟儿一样上学的孩子，我不由自主地想起了以前的自己，我多么留恋以前的那些幸福快乐的时光，多么羡慕现在还在快乐上学的其他孩子啊。忽然，我把目光停在了一位小女孩身上，只见那小女孩掏出50块钱，到小吃店买了一个面包和一瓶饮料，边吃边走。

唉，我这么大的人还不如一个屁点大的小女孩呢，活着还有什么意思啊？我心里想着，要是小女孩手中的钱全是我的那该多好啊，那我就可以交清资料费，不用受老师的白眼、同学们的嘲笑了。

想到这里，我突然有种强烈的将小女孩的钱占为已有的冲动。对，把她的钱抢过来！我为自己这个可怕的想法吓了一跳，但看看四周并没有人注意自己，我的胆子大了起来，于是便尾随着小女孩，一直走到了一个没人的小巷口，我一把抢过小女孩手上的钱撒腿就跑……

直到上课铃响，当我把钱交到老师手上时，我的胸口还有一只兔子在跳，说话也显得语无伦次的，我的耳边老是响起那位遭劫后受到极端惊吓的小女孩的哭喊。

那次抢劫小女孩得手后，我虽交清了学校的资料费，但内心十分恐慌，生怕警察会突然找上门来，将我抓走。一连好几天，我都在做噩梦，梦见小女孩和她的家长一道来学校找我算账，梦见公安民警来抓自己。

一段时间过去了，依然风平浪静，什么也没有发生，我这才长吁了一口气。我暗自下了决心，只此一次，下不为例，以后绝不再干抢人的勾当。可是，我的这一决心很快就变得十分羸弱。

很快，学校准备组织春游，而我还在犹豫要不要去，平日连交饭费都难以凑齐，春游属于额外消费，爸爸肯定不会给我钱的，还是不去了吧！我在心里想。

这时，好友跑过来问我："张杰，后天周末，老师组织春游，你去吗？"

我支支吾吾地说："我，我不想——去！"

"干嘛不去？我请你吃冰激淋！去吧！"好友几乎是在哀求我了，可我心里的难言之隐他怎么能够理解呢！

这时，坐在我后排一个叫孙磊的小男孩出声了，他轻蔑的一笑，说："我看你还是别叫他了，我看他就是个穷光蛋，像个孤儿似的，哪有钱春游！”孙磊的话一下子击中了我的痛处，我的心里隐隐作痛。

好友不服气地为我出头，涨红了脸与孙磊争执，末了，还对我说：“张杰，这次春游你无论如何也得去，我请客！千万别被人看扁了！”

我站起来硬着头皮制止他们俩争执，说：“你们别吵了，后天我和大家一起去就是了！”

我的话让孙磊闭上了嘴巴，而我却陷入了困境。一天的时间很快就过去了，再过一天就是春游的日子了，而我连车费都没能凑齐呢，真是急煞人也。可我已经在同学面前信誓旦旦地表明了态度，现在怎么能够退缩呢？

没有钱，我又想到了抢劫。

这次，经过一番观察，我决定在一个小学的放学路上伺机行事，当然，最重要的是保证安全，做到万无一失，抢到钱后最好先去吃点东西，因为我觉得肚子有点饿了。

好不容易等到放学了，可学生都是三五成群，我不敢下手。直到等得肚子咕咕叫了，终于，我看见一个小女孩一蹦一跳地过来了，发现目标之后，我禁不住一阵窃喜。小女孩毫无防备地来到了我的跟前，我一下子蹿出来，一把抓住小女孩脖子上的红领巾低声喝道：“把钱交出来！”

小女孩被我吓得目瞪口呆，哭着说：“我没钱……”

“不准哭！”我觉得心里有点慌张，生怕他的哭声将旁人招来，赶紧威胁她说：“没钱我就勒死你！”

小女孩感到脖子上的红领巾被我越勒越紧，有些害怕了，只好哭丧着脸乖乖地交出了身上的钱。这次，我从小女孩身上总共抢到了19.8元钱，拿到钱后，我扬长而去，赶紧奔到街头小吃摊狼吞虎咽地吃了一顿。晚上，回到家后，我心想这下好了，不担心春游没有报名费了。

但是，春游大家都会吃零食、买东西，我这点钱只够交报名费，还不是低人一等？

第二天一大早，我起床后，走到水龙头前用冷水抹了一把脸，又出去寻找新的猎物了。这天早上，我不仅抢了一个八岁男孩的5块钱，还把男孩吃了几口的馒头也抢过来吃了。

下午放学后，我在小路上转悠，准备伺机继续抢劫，不料无意之中居然撞见了母亲。母亲看到我后快步走了过来，我想躲，可已经没有去路了，只得迎了上去，叫了声妈妈。

妈妈看到我蓬头垢面，穿得不像样子，一下子心疼地将我揽入了怀里，哭着对我说："小杰，看你，衣服都这么脏了，爸爸对你好点了吗？"我没有说话，因为我还在生她的气。那天她打麻将输了钱分明是她的错，却对我不理不睬的，伤了我的心。没想，她哭得更厉害了，并执意带我去她那儿。

走到半道的时候，妈妈特地为我买了一身新衣服，多日来所受的委屈一下子如开了闸的洪水一般倾泄而出，我再也忍不住了，将内心所有的委屈，全都倒了出来。

听了我的话，妈妈的眼里湿润了，她哽咽着对我说："要是你愿意的话，以后就跟妈妈过吧，妈妈不要你受丁点儿委屈！"

晚餐，妈妈做了很多好吃的，我忍不住狼吞虎咽起来，妈妈怜爱地看着我，夹了一块排骨放进我的碗里，笑着说："慢点吃，没有人给你抢！"

我以为妈妈也像爸爸一样已经不爱我了，已经不关心我了，但我想错了，妈妈是爱我的，要不她怎么对我这么好呢？爸爸妈妈离婚之后，我第一次感到了难得的母爱与温暖。

有了妈妈关心我、爱护我，我再也不用像个小乞丐似的受人鄙视与嘲笑，再也不用做拦路抢劫的勾当了。不敢想象，若是没有妈妈给我的那般温暖，今天的我该是怎样一种命运？

在妈妈的照顾之下，我静下心来认真学习，学习成绩很快就赶了上去，中考之后，我考上了区重点中学，妈妈也露出了难得的笑脸，但我并不满足于现在的成绩，我想通过自己的努力，三年之后一定要考上一所好的大学，将来好好报答我的母亲，像她今天对我一样，我要让她过上幸福的生活。

金钥匙

杰是一个本质并不坏的孩子，是家庭的变故、父亲的颓废将他逼上了绝路，走上了歧途。

事实证明，父母离异而导致孩子出现心理问题和行为犯罪的概率相当高，所以为人父母者，在不得已离婚的同时，也要为自己的孩子考虑考虑，因为孩子是无辜的，他们最起码的生存权利应该受到尊重。

雯，全国初中生英语听力竞赛一等奖得主，曾是别人眼中冥顽不化的“疯丫头”、劣等生。

老师的善良融化了我

现在想想，我这人未免有些因祸得福。当初在课堂上用粉笔头砸老师，要不是英语老师的善良与宽容，我这等冥顽不化之辈也不会被感动，也不可能有我今天的优秀。我想说的是，谢谢你，英语老师。我更想说的是，对不起，英语老师，因为你至今还不知道，那天用粉笔头砸中你脑门的疯丫头就是我！

13岁的我，是一个叛逆的女孩，我总是穿奇装异服，染栗色头发抹蓝色指甲油，写乱七八糟的诗，背着稀奇古怪的背包穿梭于行色匆匆的人群中，笑得一脸寂寞。

我在离学校不远的彩虹桥附近有一幢房，完全的个人空间——别误会，我爸爸妈妈不是大款，不过他们不在一起了（离婚了），各自搬了出去，把这幢房子留给了我，可以这么说，我是他们爱情的结晶，这幢老房子便是他们失败婚姻的见证。

爸爸妈妈常给我买东西，看我的眼神总是闪过一丝内疚——我想他们或许想向我证明或是补偿什么，可是证明什么呢？比如说他们爱我？可这我早知道了，如果他们不爱我，那就不会有我，我也不会有老房子。至于补偿，我发誓：我出落成今天这副古灵精怪的德行真不是他们造成的，我体内潜藏的种种不安定因素，也跟遗传无关，完全是自己的性格使然。

我至今仍清楚地记得小学六年级那年，当我发现爸妈的关系已经令我不自由的时候，我决定给他们自由。于是异常平静地对他们说："你们离婚吧！"听了我的话，父母吓了一大跳，在他们眼中，别的小孩生怕父母离异，自己得不到双亲的关爱，可我怎么这样，想得如此之开呢？

我在他们怪异的眼神注视下，缓缓地走进自己的房间，关上门，很懂事的样子，可是我想我真的不是他们想象的那种冷漠自闭的孩子，我只是觉得：爸爸妈妈真心相爱才有了我，小小的我出现在这个世界上这就代表着爱，这已经足够了。后来他们不爱，彼此并没有什么错，谁能保证爱一个人就得安安定定的爱一辈子？他们并没有伤害我，起码是没有存心伤害我。相反，正是因为我的缘故，才令他们摇摆不定，下不了离婚的决心，看来我这种人，生下来就似乎注定很麻烦，又何苦累着他们呢？

由于我的"豁达"，爸爸妈妈终于顺利离婚，并且很快都有了自己的相好。

为了照顾好我的生活起居，爸爸专门为我请了一个保姆，他和妈妈都有自己的事情要做，没有过多的精力放在我的身上，最多只能一周回来看我一两次，有时候跟我一起过周末，或者带我到外面去玩，零花钱也给得是大方，好像生怕我不够用似的，其实一个小孩子能用得了多少钱呢？

从那以后，我便过上了天不收地不管的生活，在家里想做什么就做什么，想什么时候玩就什么时候玩，高兴的时候就做作业，不高兴的时候连笔都懒得拿，保姆没有权力管我的学习，她只能看我的脸色行事。

在学校里，我的表现也不怎么好，成绩很差劲，上数学课老是爱打瞌睡，看到什么代数啊、几何之类的玩意儿就觉得头痛；英语作业我很少做；政治历史更是蠢得要死，我总觉得那些家伙整天死记硬背的，把个原本好好的人弄得跟念经的和尚似的，简直太让人郁闷了。

在学校的时间是充足而漫长的，但我也没有白闲着，而是把绝大部分时间都用来看小说了，言情小说我不看，这种下三烂的东西我也会写，只是不想弄脏我的笔；武打小说我偶尔会看，但总觉得没有电视剧过瘾；我只看厚重的文学名著，拿在手里沉甸甸的，有分量，我喜欢。看的书越多，我的视力也随之下降得更加厉害了。即便每天与书相伴，可奇怪的是我的语文成绩依旧不咋地，连全班的平均分都超不过。

我最讨厌的事情就是考试，只要一看到老师发试卷，我就觉得自己的头有些大了，“嗡”的一声响，拿起笔来便不知从哪里下手。

怎么办呢？一张 58 分的数学试卷让班主任痛心疾首，我满书包不及格的试卷还没有拿出来给他欣赏呢！对于我来说，学习实在是一件令人头疼的事，你不想学，偏偏有人逼你学，而且还要学好，不过想想，不学又能干什么？现在大人都兴下岗，像我这样乳臭未干的小孩子能到哪里找工作？

每天混在学校里，我觉得心里异常荒凉，一点也开心不起来。

我感冒了，很高兴，因为病了就可以堂而皇之地请假了，然后回到家躺在床上看《蜡笔小新》静静地休养，爸爸妈妈在我身边的时候也明显增多了。吃了几天药不见丁点儿好转，妈妈说我抗药性太强，不知该如何是好。她心急如焚，我却一点都无所谓，甚至想着：那好，那我不是可以顺利去见马克思了吗？倘若见到他老人家的话，我要问他好多事情。只是没想到，过了几天，感冒居然好了，妈妈很高兴，我却很难过：一个人背运的时候想死也不能成为现实，太可悲了，只能怪自己运道不好。

病好了就没有借口再赖在床上了，只得继续背着书包上学。

但我觉得上学真的很无聊，班上的女生觉得我太“疯狂”了，经常做出不可思议的惊人之举，所以都不愿意跟我玩，没办法，我只好跟男生玩，做个假小子，只是那些男生没有一个好东西，个个都是典型的小痞子，我跟他们一起嬉笑，一起搞恶作剧，总是闹得别的女生哭哭啼啼。

老师从来不会正眼看我：你看你哪里还有一点儿女生相哦？我在一旁伸伸

舌头，做出很无辜的样子。

某天，我和两个男生合伙，悄悄地把同桌的凳子锯了一条腿，上课的时候，我没有心情听课，光注意看同桌的小屁股去了，其实我没有这么“色”（哦，忘记了，本人原本就是女生），我只是在关注她什么时候才能摔在地上。

这一刻很快就来临了，只见同桌挪了挪小屁股，随即只听“哐当！”一声巨响，三只脚的凳子被同桌坐塌了，她的头磕在桌角上，疼得当堂就哭了起来，班上的同学和老师都觉得很惊愕，只有我在得意地哈哈大笑。

当我发现全班同学的目光都落在我的身上的时候，这才意识到了有些不雅，赶紧捂着嘴巴停止了傻笑。

事情的结果可想而知，老师看着同桌凳子的那只断腿，立即什么都明白了。我当场就被老师叫起来，他问是不是我干的，我不置可否。

“你下课跟我到办公室走一趟！”老师脸上的表情很严肃。

我却莫名其妙地想起了电视剧里经常播放的一句台词：“请跟我们到局里走一趟！”老师的办公室跟旧社会的警察局多像啊！

站在老师的面前，我什么也听不进，正如老师所说，我的确什么都不像，我只像我自己，我从来都没想过要做一个乖巧听话的女孩。

事情的处理结果是，我的同谋——两位男生每人罚站三节课，我则被罚写2000字的检查，老师再三强调要深刻的，不深刻的要重写。因为惧怕重写检查，我干脆厚下脸皮，历数了自己的种种不是，将自己剖析得一无是处，将检查交给老师之后，他在纸上迅速地扫描一眼然后用奇怪的眼神来看我，问：你既然知道自己有这么多的缺点，那为何就是死不悔改呢？

我不想改。

学校不好玩，我想到校外玩，那时候流行上网，我自然不甘落伍。

很快，我结识了一位网友，那是一个15岁的小帅哥，跟我一样不务正业，学习成绩糟糕到了极点。

有一天，我突然问起他所在的学校，方才如梦初醒般地发现他竟然跟我同在一个学校里，而且是那样的高大帅气，头发略过眉梢，稍稍遮挡住半拉眼睛，酷酷的样子，像极了流川枫，我感到自己的心跳在加速……

从那以后，网上我和他侃侃而谈，网下默默地观察着他的一举一动，不知不觉中，我对他产生了强烈的好感。

“雯，我喜欢你！”我梦见他向我表白，醒来的时候却只听见自己扑通扑通的心跳，唉，不过是个梦罢了。更糟糕的是第二天我在学校里看见他牵着另外一个女孩的手，两个人看上去浓情蜜意，幸福得要死，我觉得恶心……

一个星期后，我的身边又出现了一个帅帅的小男孩，说实在的，虽然我并不讨厌他，但也谈不上喜欢，我只是要用他来填补自己内心的空白和空虚，从那以后，那个男生就这样出现在我的生活里，成了我的男朋友，他很爱我，也很照顾我，我跟他在一起觉得很开心。

不过，我在老师的眼里又多了一项罪名，那就是早恋。也许是因为他们早已对我失去了信心，所以对于我的出轨依旧是不闻不问，想让我自生自灭。

说心里话，我其实好寂寞。你想想，大家都在埋头认真学习，我却显得无所事事。没有人搭理我的时候，我只好搞一些莫名其妙的小动作，期望以此来引起别人的注意，成为别人眼中另一种典型。可这样做的后果很明显，那就是——自毁，毁掉了老师对我的印象，毁掉了同学之间的正常交往。

时光就这样漫无目的地向前流逝。新学期开学，班上调来了一位新的英语老师，她个子不高，长着一张娃娃脸，第一眼见到她的时候，我觉得很惊讶，看来她比我大不了几岁，看上去还没有我成熟呢！

她却不打自招，告诉我们自己只有 19 岁，是刚从师范学校毕业分到我们班来的，我鼻子里“哼”了一声，就凭你这只菜鸟，还想当我们的老师？等着吧，我让你笑着进来哭着出去！

有一天英语课，她让我站起来朗读一段课文，其实我正埋头看着一本课外书，根本就没听见她在说些什么，只得尴尬地朝她做了两个奇怪的鬼脸，然后不慌不忙地问：老师，我没听清楚，你能大声一点吗？

她依然微笑着，让我朗读一段课文。我慌忙捡起英语课本，找到那一段念了起来，声音小得可怜，因为我不会，只觉得口中咕咕哝哝的，自己也没听清。她却出乎意料地没有批评我，而是鼓励了我两句，让我坐下了。

我读成这样，还能受到肯定？有没有搞错！这更让我觉得眼前站着的这个女老师一定很好欺负，如果拿她寻寻开心的话，不是正好可以在全班同学的面前出出风头吗？我得意地想。

一天课间，我和几个调皮的男生干完粉笔大战之后，她正好穿了一件带帽子的蓝色外套来上课，那个布帽子搭在背上，挺好玩的。我突发奇想，何不试试自己的身手，看我的手法准不准，能不能将粉笔头准确地投进英语老师的布帽子里，那该多有趣啊！

我把自己的想法对邻桌讲了，邻桌的男生摇着头，似乎不大相信我的胆量，他说这是上课时间，你不怕挨剋么？

呵呵，你太不了解我张雯了，这有什么大不了的，我对他咧嘴一笑，顺手从兜里掏出一粒粉笔头对准英语老师身后的帽子扔了过去，粉笔头像子弹一样朝着老师的帽子里飞去，班上有人“啊”地叫出声来了，正在这时，英语老师回过头来，“啪”的一声，那个白色的粉笔头不偏不倚正好砸在了老师的脑门上，她的脑袋上立即出现了一个白点，看上去挺滑稽的。

“意外”发生后，我心里特别紧张，心想这下糟了，老师恐怕要采取武力狠狠地报复我了，不过，我也无所谓了，反正自己已经不是第一次犯错，早就成了老油条了，多受一次责罚也无所谓的，我甚至在内心深处做好了承受惩罚的心理准备，大有一副宁死不屈的英雄气概。

然而事情并没有我想象的那么严重，英语老师扫视了全班一眼，没有咆哮如雷，没有追根问底，她只是声色严厉地说：“每个人都有属于自己的尊严，学生也好，老师也罢，尊重别人是最起码的要求，如果实在不想听课可以出去，既然在教室就不要影响别人，这是上课时间。”

英语老师说完这么一句简单的话，就转过头去，继续在黑板上板书了，可就在她转过脸去的那一刹那，我忽然发现她的眼角溢出了一滴泪水，兴许是我刚才下手太狠了，砸痛了她，她又用手在额头轻轻揉了揉。

此刻，我那以为自己早已练得刀枪不入的脸蛋瞬间变得通红。我并没有阴谋得逞的快感。

说实在的，如果老师骂我，甚至打我一顿，我倒心安理得，大家总算扯平了。但是，她居然什么都没做。

这个英语老师，或者说这个女孩并不比我大多少，人家也是父母的乖宝宝，说不定下班后还要到父母面前撒娇呢，我凭什么这样对待人家？难道这就是我的长处，这就是我的骄傲？我这是英雄所为吗？有能耐怎么不到街上抓流氓去？跟一个弱不禁风的女孩较劲算哪门子事？人家招你惹你啦？

这件小事给我的内心带来了相当大的震撼，我一下子意识到了自己的幼稚与无知，意识到了自己的无聊，我在心中一遍遍地责怪自己。

下课之后，我再也坐不住了，主动找到英语老师，还没来得及开口，英语老师就微笑地看着我，温和地对我说：你的眼睛真大，很可爱，对了，找我有什么事情吗？

“我，我”……我本想张口道歉，却不知道从何说起，“没事，我只是有点问题没弄明白。”我撒了一个谎。

老师关切地将脑袋伸了过来，无奈之下，我只好随便挑了个问题向她请教，老师耐心细致地讲解完毕之后，还不忘笑着对我说：学英语关键靠平时多读多练，别着急，我看你很聪明，再加上你这种学习态度，不愁学不好英语。

我聪明吗？我会有出息吗？我以为自己的耳朵听错了，但这却是千真万确的，听了老师的话，我感觉自己的心里一热，眼睛开始潮湿，但我却快速地转过脸去，不让老师看见我的眼泪。

这堂英语课上老师的表现给了我相当大的震撼和教育，我觉得再不好好学习，不仅对不起自己，更对不起英语老师。

从那以后，我不再上课做小动作、搞恶作剧、影响别人学习了，我埋下头来做一个普通而正常的学生，特别是对于英语课，我越来越感兴趣了，英语成绩竟然创造了一个奇迹，通过一个学期的努力，从“社会的最底层”（以往我的英语成绩一直在全班40名左右）跃居到全班第一名的宝座，把老师和同学都震了一把。

我的进步让英语老师很高兴，初二那年的全国英语听力竞赛，她信任地将本班仅有的一名指标交给了我，我不负众望，顺利通过预赛，并以绝对优异的成绩在决赛中获得了全国初中生英语听力竞赛一等奖！

虽说我的其他学科成绩不太理想，但是我相信，如果我能用学英语的劲头对待它们，没有什么学不好的。

从那以后，只要碰到搞不懂的问题，我总是大胆地问老师，问同学，成绩提高很快，原本将我视为异类的同学也渐渐拿出羡慕的眼神来看我了，我终于成了另一种典型。我觉得这才是真正的荣耀。

现在想想，我这人未免有些因祸得福。当初在课堂上用粉笔砸老师，要不是英语老师的善良与宽容，我这等冥顽不化之辈也不会被感动，也不可能有我今天的优秀。我想说的是，谢谢你，英语老师。我更想说的是，对不起，英语老师，因为你至今还不知道，那天用粉笔头砸中你脑门的疯丫头就是我！

金钥匙

但凡是“差生”、“劣等生”都或多或少有一种逆反心理，作为一名老师如果“以恶制恶”，其结果往往适得其反。而恰恰是有意无意地宽容、让步，能让这些学生“良心发现”、迷途知返。看来，作为一名老师，不仅要掌握教学的基本技能，更要注重自身修养的提高，用自身的人格魅力去感化学生。

小芸，北京某大学一年级学生，一度认为自己是一无是处的“丑小鸭”。

老师的“情书”给了我自信

我永远都不会忘记在自卑迷茫的岁月里，齐老师写给我的那封“情书”，是它给了我无尽的自信，给了我重新振作的力量。

身为初中生的我几乎一无是处，身边的女同学个个一脸的阳光灿烂，可小小的我，心头却被多块石头压得几乎喘不过气来。

首先，我的烦恼来自丑陋的外表，说实在的，我是个典型的“丑小鸭”，脸上布满一层细密的雀斑，镜子中的我丑不堪言。有时候看着看着，我就忍不住哭了起来，我不明白，父母长得都不赖，为什么偏偏生下这般丑陋的我，让我无地自容呢？久而久之，我的心里甚至泛起了一丝对父母的恨意。

其次，我没有良好的家境，我的同学当中，有的父母是市里的干部，有的父母是董事长、大老板，而我的爸爸妈妈只是普通的工薪阶层，没有钱给我买漂亮时尚的衣服，也不会给我太多的零花钱，我无法像别人一样大大方方四处炫耀。

最后我的学习成绩也不咋地，在班上始终处于中下游水平，根本就不在老师关注的范围之内；同学们对我也不好，他们觉得我笨，不合群，都不愿意跟我玩，我只能看着别人三三两两地在一起咬耳朵，感受着她们的亲密无间，心里面除了羡慕还是羡慕。

我就是这么一只一无是处的丑小鸭，没有出息，没有丁点儿让人刮目相看的资本，我自卑得一塌糊涂，经常留长长的头发，遮挡住自己的半边脸，悄悄地坐在教室靠窗的位置，很少与人说话，成了一个可有可无的人。

初一时候的我们虽然只有十二三岁，然而早熟的我们已然情窦初开，不少女孩有了自己喜欢的男孩，不少男孩主动给女生递纸条、写情书，正处青春萌动期的我却自卑到不敢暗恋一个男生，我觉得像自己这么平庸的人实在不配拥有爱情这样神圣的字眼。

那天，同寝室的小雅收到了她的第十封情书，室友娜娜一把夺过来，大声嚷嚷：“哈哈，你们快来看哪！咱们学校又一个男生上钩了！”

小雅表面上追着娜娜大骂，心里别提有多高兴了。你看她的脸，哪里像生气的样子！

没办法，人家小雅长得就是漂亮，爸爸还是市政府办公室的副主任，自然是大家关注的焦点，喜欢她的男生排成了长队，而这一切也自然成了她向同伴炫耀的资本。

女生们个个对她羡慕得要死，室长夸她说：小雅，你可真是魅力无限啊，这可是咱寝室的荣耀啊！

听到娜娜的赞扬，小雅谦虚地说：“哎呀，我算什么，上次你不也收到过一封肉麻无比的情书么？”一句话说得娜娜红了脸。

宿舍里一片哄笑，到处洋溢着快乐的气氛，只有我独处一隅，面对着空无一字的作文纸发呆。

是的，别的女生都有暗恋的男生，差不多都收到了喜欢自己的男生的情书，只有我是个被人遗忘的角落，我是一只多么可怜的丑小鸭啊！我真的不知道自己的光明在哪里，哪里才有真正关心爱护我的人。

我将自己内心的苦闷、自卑完完全全地写进了作文本，那篇作文我是一边流泪一边写就的，写完了，才觉得心情好多了，我连看都没看一眼，就把它当成作业交了上去。

我在作文本上无限伤感地写道：

我是一只地道的丑小鸭，从来就没人注意到我，也没人看得起我。女生如是，男生如是，老师如是，所有人如是。我不敢抬起自己的头站在阳光下，因为我的心里始终被阴影占据着，看着别人收到异性来信时的无比兴奋，我不禁自问：我的爱在哪里？我有没有爱？我不会有爱！因为根本就不会有人关注到像我这样的丑小鸭，上苍注定我只能一个人孤孤单单地继续走下去！

……

虽然明知这样的文章写到作文本上可能会遭到老师的批判，但我却自以为是的认为那篇文章写出了真情实感，文笔也很流畅，所以斗胆交了上去。

当时，我们班的语文老师姓齐，刚从大学毕业。第一天来我们班上课的时候，全班男生女生统统“惊艳”了：他活脱脱就是个中国版的金城武嘛，而且比金城武还要年轻一点，挺拔一点，好像刚从《神偷谍影》里走出来。我们女生堆里一下子炸开了锅。

他上的第一堂课在我的心中留下了深刻的印象，这一堂课上，我竟然连眼睛都没眨一下，恨不得自己再多长两个耳朵才好。

几天后的一场语文测验，我惨得一塌糊涂，第一次我因为学习成绩不好而伤心得真想一头撞在墙上，因为我觉得对不起帅气的语文老师，他对我们那么好，而我的学习成绩却如此糟糕，实在是不应该。

说实在的，我觉得齐老师的身上有着一种与众不同的个性，这就是我最欣赏他的地方，自从他来到我们班之后，我一直享受着他所带给我的快乐，他像一位学者，教给我无穷的知识，教给我做人的道理。不知不觉，我在心中将他当成了自己的知心朋友。

过了一个多星期，作文本发下来了，我翻开来看，齐老师认真地帮我订正了每一个微小的错误，只是齐老师没给这篇文章判分，而是在文后批了一个大大的"阅"，并给我写下了大段的评语：

小芸同学：

其实问题并没有你想象的那么复杂，在老师的眼里，你和所有的同学一样都是那么的美丽可爱。我觉得你实在过于悲观，其实这是没有必要的，现在的你，最重要的是学习，不应该将过多的精力放在别的事情上，相信老师，你的未来是光明的，你的生活必将是幸福的，只要你的心中充满阳光……

我被齐老师对自己内心的理解所深深打动。

说实在的，这些话并没有对我产生多大的影响，或者说，这种影响只是一时的，我知道这是老师出于本能的对我的一种鼓励，我依旧如从前一样猫在一个人的世界不出来，自闭并孤独着……

直到有一天，一封来自班上某位男生的来信彻底地改变了我，也让我扬眉吐气地抬起了头。那天，我正在宿舍里看书，小雅突然大呼小叫地跑进了宿舍，进门就气喘吁吁地晃荡着手中的信件，招呼大家说：快来呦！分信了！

一听说信来了，室友们统统行动了起来，个个围上前去，期待着有自己的来信，只有我木然地坐在凳子上不为所动，我知道这一切跟我是不搭边的，何必要凑那份热闹，自取其辱呢！

可是，这时突然有人叫了我的名字："杨小芸，你的信！"语气中满是惊诧。

我心想，也许是杂志社的征稿来信吧，又或者只是什么小学的同学寄给我的，当然，我可以断言，绝对不会像她们一样收到"情书"了。

我接过信，简单地说了声谢谢。看到信封上寄信者的地址栏竟然是空白，我觉得很是奇怪：这封奇怪的信究竟会是谁写给我的呢？

拆开信来，我一下子脸热心跳，没想到这竟然是一封情书！我的表情显得很是局促，紧张地咳嗽了一声，回过头去看到其他的同学都在嘻嘻哈哈地开着无聊的玩笑，不会有人注意到我，这才放心地继续看下去——

亲爱的小芸：

我是时刻围绕在你身旁的一个男生，说实在的，暗恋上你已经是很久以前的事情了，但我害怕你拒绝我，所以一直没有勇气将自己的心里话亲口对你说，只有将它化成文字寄给你，让你知道。

在我眼里，你就是白雪公主，你就是挥着翅膀的天使，这个世界上再也没有比你更完美的女孩子了，但是你每天埋着头不与我交流，让我觉得很难受，你能抬起头像别的女孩一样开心的学习和生活吗？那样的话，我会很开心的。

也许，我只是一名平凡的男孩，你不会看上我，甚至不会注意到我，但能够说出自己的心里话，我真的已经很开心了。

我们现在还太小，但我坚信我们是有缘的，就让我们一起努力学习，将来到了大学之后再说爱好吗？

一个暗恋你的男生

我刚想将这封肉麻的情书赶紧收拾起来，没想到居然被眼尖的小雅一眼瞧见，她惊讶地叫出声来："哎呀，简直肉麻死了，还亲爱的小芸呢！"

她这一嚷不打紧，却招惹来了一堆好事的"蝴蝶"，她们像发现新大陆似的将我团团围住，非要看看我的信。

我紧紧地攥着那封信，如临大敌一般的紧张，生怕她们窥见信中的秘密，但我一人的力量实在是太单薄了，更何况室友们个个野蛮无比，很快，属于我的那封信就被她们夺去了。她们围成一圈，严严实实的，几个脑袋挤在一块儿将那封简短的信看了个透，只留下我独自在圈外面焦急地转悠，口中不停地抗议着：你们还我，你们还我！可惜我的抗议无人顾及。

她们一个个轮番看够了之后才终于将那封信交还到了我的手上，然后，室友们开始坐在床上帮我分析这封信究竟是谁写的，是他，是他，还是他？班上的男生全都成了值得怀疑的对象，但又不能确定，很明显，这封信是用左手写就的，根本无法分清究竟是谁的笔迹。但不知怎的，后来她们一致认定，这封信肯定是班长写的，因为男生之中似乎只有他对我比较照顾，上次交春游费用的时候，我忘记带钱了，他还为我垫了 5 块钱呢！

"即使不是班长，无论如何，班上也绝对有着那么一位对你有意的男生，看看，情书写得那么肉麻，这小子要到大学去跟小芸谈情说爱呢！"这就是她们经过反复讨论之后得出的一致意见。这是我平生第一次成为别人关注的焦点，而事情的起因恰恰是缘自一封来历不明的"情书"。

说实在的，那时候，我也一直相信这封信是班长写给我的，平日里他对我的确不错，要知道，班长是我们班的帅哥，老师眼中的宠儿，他关注到了我，我能不打心眼里感到分外的开心和兴奋吗？我感觉自己并不是丑小鸭，否则的话，像班长那么优秀的男孩怎么会看上我呢？想到这儿，我的心里感受到了一阵甜蜜的幸福。从那以后，每当与班长对视的时候，我总是还未张口，就已经红了脸，心里觉得娇羞无比。

没事的时候，我常常一个人偷偷地将那封情书展在眼前一个字一个字地看，一种被人注视的幸福在我的心底蔓延开来。

从那以后，我迫使自己抬起头来，堂堂正正地做人，上课的时候再也不会为了举不举手回答问题这样的小事而烦心了，我大方地举手，大方地回答问题，大胆自然地与别的女生交流，没想到，这样一来，我很快就在女生中找到了知己，生活也变得五彩斑斓。

为了履行与他一起努力学习，将来考上大学的约定，我不再自卑，不再徘徊，遇到不懂的问题，我总是想尽一切办法努力地去克服，实在弄不懂了，就干脆问同学、问老师，直到真正吃透为止。很快，我的努力就得到了有效的回报——我在班上的成绩稳步上升，老师和同学们都为我的巨大变化感到惊讶。而我，则露出了真正因胜利而产生的微笑。

时间过得好快，初三只剩下了关键的最后一学期了，虽然我已经冲进了班上的前十名，但是面对中考这场硬仗，我的心里依旧没底儿。

正当我怀疑自己能否考取重点高中的时候，又收到了一封信，那熟悉的笔迹让我脸热心跳——

小芸：

你好！你的成绩提高很快，这让我感到很高兴，我没有看错人，你果然是我心中理想的白雪公主。好吧，从现在开始，咱们一起努力，向市重点冲刺吧！

别忘了我们的约定！

一个爱你的男生

面对他的鼓励，我心潮起伏，觉得他是最了解我的人，总是在我迷茫徘徊的重要关口给我力量和勇气。在这封信的鼓励下，我重新树立起了信心，站在新的起点上，以饱满的热情投入学习生活中，我下定决心要尽自己最大的努力，实现与他一起跨入市重点中学的目标。

中考结束以后，我以590分的好成绩被市重点高中录取，收到通知书的那天，我是悲喜交加。喜的是我终于考取了市重点高中，悲的是我就要与自己心爱的男孩分开了。因为这次考试班长不幸数学失利，以三分之差与重点中学失之交臂，实在是太可惜了。

那天同学聚会，我趁人不备，悄悄地走到他的身边，犹豫再三，终于硬着头皮对他说："张明（班长的名字），你不要气馁，不要悲观，这次没考好不要紧，我会永远支持你的，记住在大学里见哦！"

听了我的话，班长一脸的迷惑与不解，他仿佛听错了似的反问道："啊，你在说什么呀？”

我心里一阵激动，脸上瞬间变得通红，这家伙自己做了什么难道还不明白吗？还要跟我装蒜，但我转念一想：是不是真的误会他了？或者写信的另有其人，也未有可能。可是，应该不会啊！我忽然觉得有些紧张起来，于是试探性地问：“你，你是不是曾给……我写过……一写过信？”

“什么信？”他显得有些丈二和尚摸不着头脑，一脸的无辜。我马上明白过来了，原来自己从一开始就搞错了对象，现在更是问错了人，想到这里，我的脸一下子变得更红了，窘得不知如何是好。

我在自己的心里暗暗埋怨那个胆小鬼，现在都快分别了，为何还躲在暗处不现身出来，这不是要存心折磨我吗？

回到家里，我再次找出那封信来，当读到“大学”两个字的时候，我一下子幡然醒悟：哦，这家伙原来是为了遵守约定，要跟我一起顺利完成学业，到大学才现身啊！

想到这里，我觉得有些释怀了，原来他并不是什么胆小鬼，而是一个言而有信的真君子，只是因为不想过早地摘取那份青涩的果实，影响彼此的前程才不得不保持着沉默的姿态。说实在的，这个男孩的确值得我去爱，为了他，我一定要认真学习，不辜负他对我深切的期望，我坚信，等到我升上大学，他一定会适时出现的。

整个高中阶段，这种念头如一丝坚强的信念一直支撑着我，迫使我时刻不放松对自己学习和生活上的要求，我仿佛看见大学和男孩正在自己的前方向我招手，想到这里，我的心里就充满了一股暖意，也更加努力地向既定目标冲刺。

高考过后，我顺利地考上了北京一所名牌大学，而那个神秘的男孩却始终没有出现，寻找神秘男孩成了我最大的一块心病。

大学生活很惬意，在积极向上的集体中感受到了成长的快乐，我感觉自己已经长大了，恋爱的念头又一次浮现在了自己的脑海中，那时候，也曾有男孩对我表示过好感，但却都被我一一拒绝了，我固执地认为那个给我写情书的男孩还在某个地方等着我，或许，这位神秘男孩因为高考落榜而无颜与我相见，或许，考上大学的他一时还没搞到我的通讯地址……如果他哪天突然出现而我却不在，他岂不是很伤心？

直到有一天，我忽然收到了一封信。

面对陌生而又熟悉的笔迹，开始还觉得有些奇怪，随即我忍不住“啊！啊！”地叫出声来，那个消失了四年之久的笔迹又一次出现在了我的眼前。我忽然意识到，这肯定是男孩决定践约的告白，于是心里一阵激动，抖抖索索才总算打开了那封信：

小芸，你好！好久没给你写信了，主要是因为不知道你的地址，最近从小雅同学那里知道了你的联系方式，所以我赶紧给你来信了。之所以会给你写信，一方面是因为老师牵挂学生，另一方面也是为了践约。

还记得六年前的那封信吗？说实话，那件事是我干的！你该不会怪我吧？当时，我真想把你从自卑的阴影中拉出来，但始终不见多大成效，这让我觉得很困惑，于是索性给你写了一封简短的信，鼓励你重新树立起生活和学习的勇气，让我意想不到的是，你果真站起来了，并且取得了不错的成绩，老师为你感到骄傲，老师为你感到自豪，你是我见过的最完美的学生。

好了，只想问问你最近还好吧？学习是不是很紧张？学医是很辛苦的，但它又是光荣的，依你的性格一定能把它学好，老师相信你，也会支持你！

另外告诉你一个好消息，今年五一我已经结婚了，她也是一名教师……

读着齐老师的来信，我的眼睛湿润了，原来，一直以来，都是齐老师默默地在我的身后支撑着我，用心良苦地鼓舞着我向前迈进……

我永远都不会忘记在自卑迷茫的岁月里，齐老师写给我的那封"情书"，是它给了我无尽的自信，给了我重新振作的力量。如果没有齐老师就不会有今天的我。

金钥匙

作为一个对自己缺乏信心的女孩，只有让她先克服自己内心的自卑情绪，才能树立起重新生活的勇气。而齐老师的"情书"虽然只是个虚拟的"幌子"，但却给"丑小鸭"杨小芸的生活注入了动力和希望，使她重新鼓起了生活的信心和勇气，并勇敢地走出了自卑的阴影。

从这个层面上看，齐老师的确是一个优秀的教育工作者，其良苦用心让人感动。

其实，每一个孩子都是可以改造的，如果说问题学生是病人的话，那么老师就必须是合格的医生，只要抓住病症，对症下药，就一定能够使他们重新恢复健康，以昂扬的姿态奔向未来！

屏风，上海市某重点高中一年级学生，其美术作品曾荣获西班牙国际画展金奖（学生组），初中时期一度自暴自弃。

老师帮我调座位

如今，我已是重点中学的高中学生，我的绘画还获得了国际大奖。我真的不敢想象，要不是初中班主任白老师那一次调座位，我的命运该是怎样的结局。

进入重点中学之后，在如林的高手之中我变得普通起来，不再是老师的宠儿，不再是同学关注的焦点，不再是父母挂在嘴边的骄傲，我在美术方面的特长也被暂时掩盖，再也不能引起老师的注意——我痛苦地发现自己渐渐地被人遗忘了。

按照惯例，每次考试之后，班主任都会找一些同学谈一谈，总结经验，吸取教训，看着一个个同学被老师喊出去谈心，我的心里好羡慕，一直以来，我都在自己的心里期望着：下一个该轮到我了吧？

于是，我总是充满期望地看着班主任，希望这次的“幸运儿”是我。然而，一次又一次，我的希望总是落空。

而那段时间，由于不适应新环境的缘故，我显得有些惶恐而不知所措，学习成绩也下滑得很是厉害，刚开始进这个班的时候，我的名次排在20多位，而现在不过刚刚过去了短短三个月，我在班上的排名已经落到了30开外……

我多么希望老师能够找我谈谈心，当面指点迷津啊！我不乞求他像对待别的同学一样跟我一谈就是半个小时，我只要一小会儿，哪怕只有一分钟我就觉得很知足了，可是连这点小小的要求，老师都不能满足我，不知道是因为我太不起眼，还是因为老师太粗心了，总之，我成了被忽略的空气。

老实说，我以前的成绩和各方面的表现并不差，进中学以前还算是好学生，经常位居班里的前三名，是老师的宠儿，同学们的嫉妒对象。我喜欢画画，我的画留过洋，是父母眼中值得骄傲的好小子，那时候，我从来没觉得有什么不对劲，总觉得生活很精彩，可现在——

我只能默默地站在黑板报前面看别的同学那七扭八歪的字和乱七八糟的画，听着老师称赞他人的多才多艺；我喜欢运动，可我没有展现自己的机会，只能默默地坐在看台上努力地为同学加油……

学校决定组织一次绘画比赛，老师说可以不凭成绩随便报名，听完这话，我赶紧兴奋地高高举起了双手。老师诧异地看着我，同学们爆发出了阵阵嘲笑。他们笑着说：“他会绘画？那我们不都成了中国的美术大师了吗？”他们从来没看过我的画，却已经妄自给我判了“死刑”。

在众人的嘲笑声中，我的手像挨了霜打的茄子，一点点地蔫了下去，我选择了退缩，心里却一阵阵地痛。

那时候，在竞争激烈的重点中学里，学习成绩是考核学生好坏“最标准”的测量工具。它也是判断一个孩子是勤快还是懒惰，是聪明还是愚蠢，是文明还是不文明的唯一标准。可以想见，我的成绩靠后，自然被老师划归到了差生的行列，即便真的有优点，老师也没有心思费尽心力地去“挖掘”。

唉，我不知道原本出类拔萃的自己为什么一下子落入了无望的深渊？一下子变成了一无是处的差生？现在的我成绩不好，能力特长都谈不上，又不讨人喜欢，我还有优点可言吗？我感到自己真的很可怜。

因为我的不起眼，班里的“坏”同学动不动就欺负我。我的书包在午间休息的时候，经常被人当成皮球从教室的前排踢到后面，他们一个个的接力般来来回回地踢着，我却不敢轻易去捡。我比他们的年龄稍小，就读的又是师院的附属中学，很多同学都是老师的孩子，我就格外的受排斥。我永远也忘不了的一个场面就是，班里的同学用石子砸我，我躲到厕所里不敢出来，等到上课铃响，才匆匆跑回教室，就因为迟到了那么几秒钟，老师却不问缘由地让我罚站。而当我回家跟父母诉苦的时候，换来的却是一顿白眼。父母的观点永远只有一条——老师惩罚你肯定有他的道理，否则的话，怎么不惩罚别人，偏偏挑中了你呢？

面对父母的不问缘由，我无言以对，只好把满腔的委屈埋藏在自己的心里。从那以后，即便是在学校里受到了再大的委屈，我也会一声不吭地把所有的委屈全都咽进自己的肚子里，我知道没有人能够理解我，没有人会同情我。

我渐渐发现，自己只要偶尔迟到，就会被老师篡改成“经常”犯事，然后不问青红皂白地痛斥一顿，同样的情况若是换了别的学生，情况则完全两样。

从此以后，上学对于我已经没有了任何兴趣可言，虽然每天依旧背着书包出门，可我只能依靠着朦胧的直觉，辨认着学校的方向。我的自行车像喝多了酒似的东冲西撞着。我可能会被来来往往的汽车撞死——最好不要被“桑塔纳”了结了年轻的生命，这样的死太廉价了。

我的性格渐渐变得有些桀骜不驯，叛逆之中又带着些许的颓废和消极，甚至谁的话也不愿听，有时候还故意搞些恶作剧来引起别人的注意，但是这一切只会让老师对我更加的恨之入骨。

但我已经习惯了作为差生的角色，其实想开了也就那么回事：差生就差生，反正又不会死，怕什么！我干脆摆出一副死猪不怕开水烫的架势，“勇敢”且“宠辱不惊”地面对一切。

有一天早上7点钟，闹钟响了，该起床上学了。“真讨厌！”迷糊中我骂了一句，

“啪”的一声按下了闹钟。说实在的，我真的不想上学，今天干嘛不是星期天？不管了，外面这么冷，被窝里这么暖和，再小睡一会儿吧！再睁开眼的时候，我吓了一大跳，已近8点了。糟了，又迟到了！匆忙起床洗漱，连早餐都顾不上吃，背起书包向学校猛冲过去。

老师早已在上课了。我气喘吁吁地站在门口大声喊：“报告！”我的声音干扰了老师上课，全班同学齐刷刷地望向我，下面开始了窃窃私语。英语老师生气地皱了皱眉头，白了我一眼，不理睬我，也不叫我进去。我也不管她，心安理得地走进教室，还不忘向看我的同学扮个鬼脸，同学们被我逗笑了。

这不是很好吗？正好活跃活跃课堂气氛嘛！我的心里泛起一阵快意。

坐在自己的座位上，我把课本摆上了桌面。说实在的，现在对我来说，听英语就好比是戏盲看木偶戏，我总觉得老师讲得索然无味，根本听不懂她在讲什么。于是我干脆趴在桌上研究老师：黑色的长裙，碎花布衣，才三十几岁的英语老师，打扮得如此俗不可耐，一点品味都没有，还有那一年四季不变的发型，没劲！

再看同桌，早就睡着了，他也是一名差生，可他“革命”比我还要彻底，一天八节课，几乎一半以上都在酣睡中度过，看来这家伙晚上游戏实在打得太晚了。

我灵机一动，心想：嘻嘻，有的玩了！我把一张纸搓成细细的一根小棍，伸进他的鼻孔里轻轻地捅了捅，可能是有点痒痒吧，他只是缩了缩鼻子用手揉了揉，没醒。我再次伸进去使劲捅，他这次忍不住了，大声地打了个喷嚏，我也忍不住大声地笑了出来，全然忘记了现在是上课时间。

我抬起头来，英语老师正怒目注视着我，同时还有不明飞行物撞到我身后的墙上，“砰”的一声跌了下来——原来是块黑板擦，幸好我闪得快，否则准得挂彩。

我摆出一副死猪不怕开水烫的样子，大声地向老师嚷道：“老师，你知不知道这样很危险？”

听了我的话，同学们“哄”地大笑起来，教室里乱成了一窝蜂，根本就没法上课了。老师气得脸色发黑，她也不再说话，转身“噔噔噔”地走向办公室。一定是去打小报告了，去就去，有什么可怕的！

果然，不一会儿，班主任来了，用手指着我说：“你，到办公室来一趟！”呵呵，他现在连我的名字都省去了。

我懒洋洋地走出教室，有无数双眼睛幸灾乐祸地看着我，好像在说：“差生就是差生，脸皮厚！”站在教师办公室里，班主任还是来来去去的那些话：“你是差生，我们班收容你已经是很仁慈了，你不要不知足，还惹老师生气，人总要有点自尊是不是？……”

这些话他说过多次，我听都听腻了。不过马上就要放学了，为了争取与别人一起回家，我还是做出了一副知错的样子。

班主任又警告我说：“下次再这样，你就回家去，知道没有？”

“知道了！”我低声应着。

旁边的老师都冷冷地看着我，班主任叹了口气，叫我出去。

跨出门的时候，我听见英语老师在自己的身后说：“这种害群之马，早开除少烦心！”我在心里默默地为自己鼓劲：“我是差生，我怕谁！”但心里却酸酸的、痛痛的，有一种说不清的感觉。

其实，这次惹英语老师生气并不是最严重的，没过多久，因为蓄意制造“事故”，惹恼了班主任老师，我受到了最为严重的打击……

那是在一次劳动课上，我的胳膊“一不小心”将摆在阳台上用来洗抹布的水盆碰翻了，满水盆的水都浇在了老师的头上，老师被淋成了落汤鸡，而我的心里却泛起一阵莫名的快意。

随后，班主任气冲冲地冲上楼来，厉声斥问：“是谁泼的水？”

全班顿时变得死一般的寂静，没有一个人敢吭声，我知道即使自己不承认，很快也会被别人供出来，于是只得上前一步，吞吞吐吐地说：是我不小心……

一句话还没来得及说完，老师的一个巴掌就已经掴在了我的脸上，火辣辣的疼，可我没有落泪，也没有申辩。

此后，班主任再也没有正眼看过我，如果说以前他对我还抱有些许期待的话，经过这次风波之后，他已经彻底地将我放弃了。

我也有自知之明，知道自己不讨人喜欢，所以每次换座位的时候，我都会选择老师们很少注意到的角落——教室最后一排靠窗的位置，和那些学习无望的差生坐在一起，我不愿意成为别人的眼中钉，尽管坐在最后一排我看不清楚黑板，尽管我是近视眼，尽管在别人眼里我自甘堕落。

就这样，昏昏地过了半个学期，班主任调走了，换来了一个清秀的女老师负责管理我们班，她穿着红衬衣白裙子，齐耳的短发，模样甜甜的。第一天到我们班上课的时候，她就是这副打扮。

“我叫白明，倒过来读的话就是‘明白’，也就是说对每个同学的情况我都能知道得明明白白……”她微笑着自我介绍。

“哼！”我不屑地斜视了她一眼，不以为然地想：你若真的有那么神通广大的话，那就能一眼知道我是近视眼了，就应该知道我是因为倔强才坐最后一排的……

不过，那堂课上，这个白老师的声音倒是给我留下了相当深刻的印象，很甜很美，短暂而清脆，像百灵鸟在歌唱。

一天班里上数学公开课，很多老师都到我们班来了，白老师也在其中，她端了个小矮凳坐在我的身后，看着我抄题。黑板上偌大的字在我看来都是那么的模糊，我把“7”抄成了“1”，把“3”抄成了“8”……

白老师看了看我的眼睛，惊讶地问道：“你近视？”

我没有说什么，我已经习惯了冷漠，对谁都一样。

可是，她并没有罢休。下课后，白老师将我叫到办公室，亲切地对我说：你眼睛近视怎么不跟我说一声呢？

我依旧没有说话。

“好了”，白老师说，“明天我帮你将座位调到前面去！”

我自认为已经“百炼成钢”，死猪不怕开水烫了，没想到白老师的话却让我鼻子一酸，眼泪不争气地流了下来。

一直以来，我以差生为借口，心安理得地坐在教室后排的角落里，心里觉得这是理所当然的事情，老师也从来就没想过要关注这个没有希望和前途的角落，但此时此刻，我却深切地感觉到了白老师对自己的重视，她仿佛给我的生活重新注入了一缕阳光，原来我并不是一个被忽视的角落，想到这里，我的心情忽然一下子变得豁然开朗了起来。

我这才发现原来我的自暴自弃是多么的愚蠢，漂亮善良的白老师这样真诚地对待我，如果不好好学习，怎能对得起她呢？

调整座位之后的那天晚上，我心情愉快，两年以来，第一次那么认真地把作业都做好了。

此后，我埋下头去，收敛起自己的不良习性，努力学习，我在心里暗暗下定决心：一定要用事实改变自己作为差生的现状。

我仍记得白老师调到我们班后组织的第一次语文考试，我的成绩依旧很糟糕，只有区区 59 分，位列全班倒数第六。

我原本以为会受到她的责怨，没想到她却对我宽容地微微一笑：“嗯，不错，作文写得非常有想象力！”我第一次受到如此的夸奖，当时真的像一个插上翅膀的小天使，幸福地在天空翱翔。

经过一个学期没日没夜的刻苦学习，我的学习成绩终于赶了上去，面对自己进入初中以后第一次冲进前 10 名的成绩单，我喜极而泣。

如今，我已是重点中学的高中学生，我的绘画还获得了国际大奖。我真的不敢想象，要不是初中班主任白老师那一次调座位，我的命运该是怎样的结局。这简直就像一场噩梦，让我不堪回首。

金钥匙

师生之间的感情在学生的心目中占据了重要的位置，每个学生都会猜测自己在老师心目中的地位，而老师对每个学生也会有自己的评价。但是，老师对待学生如果过多赋予个人的主观色彩，这样就容易出现偏颇，那无疑是一种悲剧。

对于一个班级来说，一个学生只是其中的五十分之一或者三十分之一，但对于他（她）的家庭来说，他们却代表着 100%，作为教育工作者，我们没有理由放弃任何一颗充满希望的种子。

小强，武汉某大学一年级学生，“新概念作文大赛”二等奖得主，小时候，被人视为弱智、低能，是老师眼中一无是处的“劣等生”。

老师的表扬给了我希望

这么多年来，我第一次真正受到别人的表扬，而这个老师却是刚刚参加工作的一名大学毕业生，他让我感觉到了一丝难得的成就感。

记忆中，似乎从小就少有小朋友跟我玩，他们瞧不起我，称我为“傻子”，也有叫笨蛋、猪猡、白痴的，总之全是些不好的词儿。

之所以称我为傻子，也不是全无来历的。邻居家有一个和我同年出生的小女孩，她7个月就会叫爸爸妈妈，11个月就会走路，1岁半就会背儿歌；可我直到两岁才学会走路，四岁以前一直都是咿咿呀呀的言语不清，只会几个简单的音节，却始终不能连成字句，连叫爸爸妈妈都很勉强。

有一天，妈妈到邻居家串门，那个聪明可爱的小妹妹甜甜地叫了她一声“阿姨”，这句阿姨最终让老妈着了慌。回到家里，她神色不安地问爸爸：这孩子该不会是哑巴吧？爸爸支吾着说，不会吧！

眼看着不少跟我一般大的小朋友都上幼儿园了，可我却只能像个1岁小孩一样整天钻在妈妈的怀里，实在让人看着都着急。

妈妈不甘心，试着对我进行启蒙教育，教了一个月的阿拉伯数字，我却连从1数到3都没学会，实在是笨得可以。于是家人又担心我有智障，将我带到医院检查，可没查出什么毛病来。

就在家人无限烦恼的时候，五岁的我仿佛在一夜之间突然开化了，不仅能够清楚地叫出爸爸妈妈，甚至还能够顺利地与人交流了，爸爸妈妈喜出望外，以为我从此与正常人无异了。

这以后，我被他们顺利地送入了幼儿园，可实质上，我的傻气并未就此褪去。

因为我是家里的独生子，爸爸妈妈的掌上明珠，他们对我的期望很高。6岁那年，妈妈将我送到一位音乐教师那里学钢琴，因为她听人说，小孩过了7岁，手指僵硬了，就学不了钢琴了。所以如果希望自己的孩子将来成为钢琴大师，那就一定要从小抓起。

可我却对钢琴一点儿兴趣都没有，每当要到钢琴老师家的时候，我就有一种想哭的感觉，可以想象，像我这样的心态怎能练好琴呢？所以我每次都弹得出奇的糟糕。

渐渐的，我对自己失去了信心，练琴也没了任何乐趣可言，因为我觉得自己压根儿就不是做音乐家的料儿。可是爸爸妈妈居然还在商量着要省钱给我买一台钢琴，妈妈说：没准儿这孩子就是第二个贝多芬呢！咱们不吃不喝也得省下钱来给他买架钢琴呀！爸爸点头附和。

学了两个星期，我依旧没有任何长进。还没等我主动表示退却，钢琴老师就仿佛看透了我的心思一般，委婉地对我妈说：学钢琴是要有天分和悟性的，我觉得这孩子兴趣不在这方面……听着老师的话，妈妈的脸开始晴转多云。

那是我最后一次练琴，以后就再也没有去过，这也是爸爸妈妈希望的第一次落空。

此后，爸爸觉得做美术家也不错，于是决定送我去学习绘画，可我笨拙的手指常常觉得无从下笔，有时候一天下来，脑子里仍旧一片空白，纸上也是一片洁白与素净。老师说我“不开窍”，不到一个星期，教美术的老师也向父母暗示，让我找别的班试试。就这样，我第二次遭遇“退货”。

此后，家人先后尝试过将我送到几个兴趣班，可是每次的情况都是大同小异，反正就是没能待住。后来，实在没辙了，爸爸甚至还想过要把我送去学武术，虽然最终没能成行，但想想也觉得挺不可思议的。

如果仅仅是在特长方面不行，也就罢了，更糟糕的是，我在学习方面也照样“弱不禁风”，曾经创下了连读 3 个小学一年级的记录，看着别人的孩子得奖状戴红花，自己的孩子却如此窝囊，爸爸妈妈总觉得在人前有点抬不起头的感觉。他们认为自己儿子的智商或许真的有点问题，否则的话，怎么就那么笨呢？想来想去，他们倒也想开了，既然已经如此了，那就只能盼着傻人有傻福了。也许那时候他们最大的愿望就是将我培养成美国名片《阿甘正传》里的阿甘，期盼我能像阿甘一样由弱智走向成功。

但我不是阿甘，我的妈妈也不是阿甘的妈妈，他们终于对我失去了教育的耐心，爸爸妈妈恨铁不成钢，经常因为一点小事就对我大声责骂：

“你是傻啊还是怎么的？”

“你怎么这么笨啊！”

“连这个都不会，真是白痴！”

……

我好伤心，想辩驳，却又觉得有些底气不足；想争气，却始终感到无能为力，我究竟该如何是好呢？

可我心里清楚自己并不笨，我也不是什么弱智，只是对传统的课堂学习提不起兴趣罢了。在爸爸妈妈的高压之下，我的天性正在一点点的泯灭，他们根本就没想到还要问问我在想些什么？我喜欢做什么？我渴望做什么？从来都是他们在为我安排着一切，而他们所期望的我往往不能达到。

现在，反思这个过程，我一直认为自己的父母一边是在望子成龙，一边又不经意地剥夺甚至毁掉了我向某个方面发展的可能。

我从小就十分酷爱文学，在我家的书架上陈列着许多古典文学作品：《水浒传》《红楼梦》《三国演义》《西游记》等。我好想从中汲取营养，扩大自己的知识面。可在我看来它们都像一个个高深莫测的深山幽谷——且不说别的，那些繁体字就是一头拦路虎（可能是爸爸很多年前买的），真让人望而生畏。可强烈的求知欲催着我想探宝揽胜。于是，我求教妈妈，妈妈推给爸爸，爸爸皱起眉头说：“你简化字还没学会，学繁体字干什么？”“哐当”一声，一扇知识的大门就此关闭了。

从此，繁体字成了我心中的不解之谜。而这些文学名著成了我可望而不可及的迷宫，父母为什么不带我去领略一番呢？

平日里，我脑子里的疑点不少，什么都想问一问：诸葛亮神机妙算，又为何会错用马谡，犯下痛失街亭之过？生活在热带的人为什么寿命短？太阳花为什么非得有太阳才开？计算机为什么要按人的意志进行计算？日历为什么会有公历和农历之分？诸如此类，举不胜举。

每当我张口问这些“闲事”的时候，爸爸的眉头就会拧成一座山，他说：“不要尽想些不着边际的事情，你最重要的任务就是学习，你看你，经常不及格还有闲工夫管这个？说起来我就有气！”听了爸爸的话，我吓得大气都不敢出。

在家里，父母对我不耐烦，在学校，我的日子也很不好过。老师一向当我是“劣等生”，把我放在最后一排。我的学习成绩是一等一的糟糕，能力方面也一无是处，还经常被同学捉弄，人际关系上也有些不合群……

老师们在一起交流的时候，只要一提起我的名字就忍不住直摇头，班主任叹口气说：这个孩子，以后可怎么好哦！

就是这个不知道怎么是好的孩子，在学校闹出了不少笑话。有一次上历史课的时候，我竟然说我国历史上第一次农民起义是李世民领导的，闹了个哄堂大笑，底下有人说：白痴就是白痴啊，回答问题都非同凡响！

我知道自己答错了，脸一下子红到了脖子根。可老师却没听清楚我的答案，他又问了一遍，我只得蒙混过关，支支吾吾地连自己都不知道嘴里究竟在说些什么。老师不耐烦地说：好了好了，你坐下吧！真是的，我考你智力你考我听力！好了，哪个同学主动回答一下？就这样，我被老师晾到了一边……

那时候，我们班的班主任老师姓王，30多岁的样子，平日里一般不批评人，可在我看来，这比批评的威力要强大得多。

记忆中，我似乎从来就没受过老师的表扬，但我没有放弃任何一个让老师表扬的机会，比如，初中的那次运动会，班上好事的同学怂恿我去跑3000米，我知道那是个没人愿意干的“体力活”，很辛苦的。不过，我转念一想：没准这就是一个展现自己的好机会呢！忍不住别人的再三撺掇，我终于郑重地在报名表上填上了自己的名字。

为了能够在运动会上“出人头地”，从那以后，我每天早早地起来训练，一跑就是半个小时，每次我都紧咬牙关，告诫自己一定要跑过3000米，绝对不要放弃，我不要被人看不起。经过艰苦卓绝的训练，我的长跑能力获得了明显的进步，终于有信心在运动会上一展拳脚了。

3000米是最后一项赛事，关注的人很多，开始的时候我一直遥遥领先，可是意外的事情发生了——跑到最后两圈的时候，我忽然感到腹部一阵阵绞痛，双腿仿佛灌了铅似的，我挺不住了！眼看后面的选手一个个地超过了我，我却无能为力。

下场之后，我看到的是一张张冷漠的面孔，同学们的脸上分明写着失望，我甚至听到有人在我的耳边说：“这个白痴，让我们白白呐喊一场！”

“我还以为他能拿第一呢，没想到拿了个倒数第一！”

……

老师的眼里似乎也有几分不满意。

我的心凉到了极点，为什么别人没拿到名次，同学和老师都会安慰说：没关系，你已经尽力了，胜败乃兵家常事！而我没有拿到名次就要遭受白眼和嘲讽呢？难道就因为我是个“白痴”？我的心在痛苦地流泪。

我知道，在老师眼里，我一定是个一无是处的差生，每次统考都拖班级的后腿。

渐渐的，我对自己也失去了信心，我常常想：也许我真的一无是处吧！

我在令人窒息的罅隙中生存，甚至想过要用死去洗脱差生的恶名，不过死了还是没法为自己正名，死了自然就不是差生了——那是差生的遗体。

那时候，正处初二的我即将面临留级的危险，因为数学、英语、语文、音乐和美术这五门功课红灯高挂。那几天，总能看见我的父母拎着东西（各种礼品）往校长室来回地跑，我作为一名有自尊的人，常常在同学面前羞得无地自容。从那时起，上学对我来说已经毫无意义。用老师的话说，父母交钱把我送进一个拘留所来混日子。我当然对这句话很反感，光那“拘留所”仨字儿就已经把我所剩无几的自尊心再一次挖空。

为了避免留级或者落入劝退的“悲惨世界”，父母为我请了专门的家教，每天晚上 7:00—9:00 为我补习语、数、外，尽管这样，语文的段意、中心思想，数学的概念、公式，英语的音标、词意我还是不懂，白天上课的时候总觉得仿佛在听神仙讲天书。家教的工资不菲，每天两小时 60 元，按这样算，十天 600 元，一个月平均 30 天，一个月起码就要 1800 元。而我父母每月工资连奖金加起来也不足 3000 元，难道说这其中的一大半都要交给那位什么破家教？天理何在！

后来，好歹我也混到了初中毕业，初中毕业以后，我本来是想辍学不上的，因为在我看来似乎做什么都比上学好，哪怕当环卫工人扫大街也比做学生要幸福得多，我对爸爸妈妈说，我想出去打工！

爸爸气得要用拳头“解决问题”，将我打进学校里去；妈妈哭着说我太小，没有身份证现在只能算童工，没人要的，你应该好好读书，将来才有光明的出路。听到这里，我的心也软了下来，只得再次进了学校门。

我已经不记得那是爸妈第几次为我花钱了，他们花去巨额赞助费将我送入了一所高中的大门。

可惜的是，高中生涯于我而言像痛苦的牢狱生活一般，除了写写文章、看看闲书之外，我再也没什么别的乐趣了。期末考试结束以后，我像韩寒一样，七门功课有六门挂起了红灯，除了语文能勉强及格，其他的全军覆没了，望着考卷上的死伤一片，我由最初的伤心渐至麻木。

如果不是新来了一位语文老师，如果不是那堂普通的作文课，我可能真的就这样沉沦下去，一蹶不振。

那是一个很普通的日子，那是一堂很平常的作文课。

上课伊始，新来的语文老师在班上宣布，在讲课之前先为大家朗读一篇同学的作文，说完他伸手拿过一本作文本念了起来。

念着念着，我发现，这不是我的习作吗？我心里忐忑不安，新来的李老师是不是也要将我当反面典型了？可是看他声情并茂的样子又不太像，何况他还将我文章里的优点一一铺陈开来。点评完毕，他才宣布这篇文章的作者是我。我的脸涨得通红，同学们的目光齐刷刷地向我扫来。

这么多年来，我一直默默承受着别人鄙视的眼神，心早就凉透了，而这一次我的心却是从来没有的热乎，这是我第一次真正受到别人的表扬，而这个老师却是刚刚参加工作的一名应届大学毕业生，他让我感觉到了一丝难得的成就感。

我再也忍不住了，泪水在眼里直打转。古人云，士为知己者死，语文老师是第一个读懂并发现我身上优点的人，看来，我并不是白痴，并不是一无是处啊！

从那以后，我特别喜欢语文课，也更加喜欢写作文了，每次当语文老师在班上念起我的文章的时候，我的心里总是感到由衷的满足。

无形之中，我的生活态度也发生了很大的转变，不再自怨自艾，不再悲观无望，在语文老师的指引下，我渐渐爱上了文学，重新燃起了生活的勇气。

高二那年，我参加了萌芽杂志社举办的全国中学生新概念作文大赛，并获得了二等奖的好成绩。这对我来说不仅是一种荣耀，更是一种肯定。老师和同学对我的看法也更上一层楼，从此，我彻底摘下了“白痴”的帽子。

与此同时，我的学习成绩也有了一定程度的提高，高三那年，我被破格录取，成了武汉某大学中文系的一名大学生。我从心底感激我的语文老师，是他让我找回了自信，是他给了我第二次生命。

金钥匙

韩寒认为，这个社会没有全才，倘若有，那便是人中之王！所以应该把全字底下的那个王字去掉——我们的社会需要的是人才。

是的，每个人都有自己的长处和短处，只有扬长避短才能人尽其才，最终走向成功。作为家长或者老师，我们有必要积极发掘孩子自身的优点和未知的潜能，因材施教，使他们人人都能走向成功。

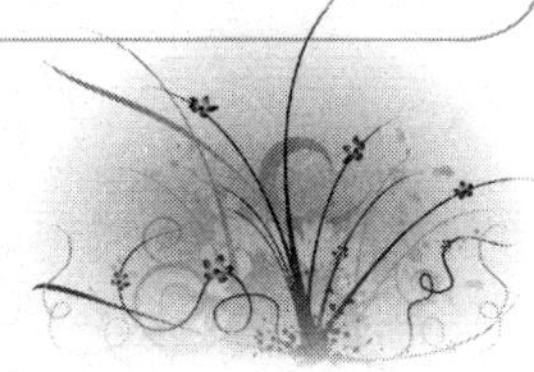

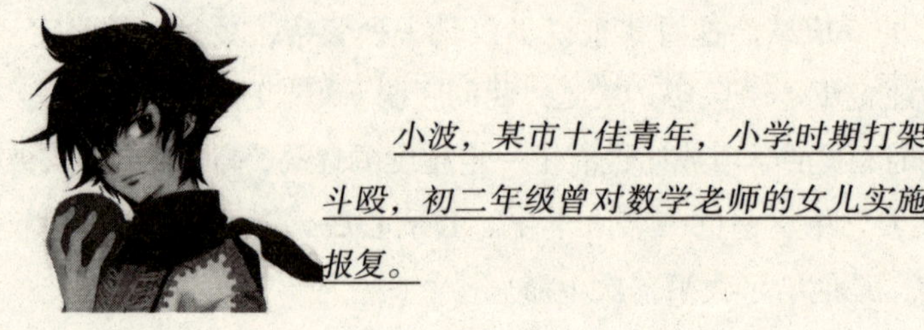

小波，某市十佳青年，小学时期打架斗殴，初二年级曾对数学老师的女儿实施报复。

老师的眼神让我无地自容

她只是安静地看着我，没有一点责备，没有一点埋怨，眼睛里充满了对我的怜悯和温和，她就这样一直地看着我，仿佛期待着我能够上前做点什么。或许她对任何人都是这样宽容，这是她的天性。最终我什么都没有做，只是傻傻地呆站在一旁，但我在她的眼神注视下却觉得无地自容。

我是家里的独生子，从小生活在一个有些畸形的家庭里。我父亲是孤儿，小小年纪便带着一个小他几岁的妹妹讨饭长大，也许是因为小时候的苦难生活使他的心里充满了创伤，他的性格着实有些古怪。而我的母亲则在一个大家庭里长大，兄妹六个，非常和睦。当初我妈觉得父亲老实、诚恳，就嫁给了他，婚后才发现父亲容易暴怒的一面，可母亲因为有了我，也就一忍再忍，将就着过到现在。

我是外婆家唯一的孙辈男孩，很受宠爱，只要一到外婆家，一群表姐妹就会围着我，外婆开玩笑地说这叫“地方围绕中央”。家里沉闷的气氛与外婆家众星捧月般的宠爱使我的性格从小出现了分裂。在家我是沉闷无比的，可一旦到了外婆家，我却什么事都敢做，什么话都会说。

家里的压抑气氛主要是由爸爸造成的，如果爸爸心里不痛快，或者喝多了酒就会摔盆子掼碗的一通撒野，全家人都要跟着倒霉。

更过分的是，有时候，爸爸和妈妈吵架，为了发泄自己心中的情绪，爸爸常常依靠自己的拳头来欺负妈妈，甚至追到妈妈的单位，当着同事的面打她，谁也挡不住，我觉得在这件事情上，爸爸简直不像个男人。

我妈在一家机关工作，我看见她被爸爸追打，特没尊严，也很伤心。有时我妈哭，眼神特别无助和无望，而我却不敢插一句话，否则，爸爸准会不分青红皂白地打我一顿。我从懂事开始，就从不和爸爸在一张饭桌上吃饭，而是端着碗进自己的卧室吃，怕和父亲偶然的对视，无端引起他的不满。另外，我频繁地往外婆家跑，享受那个家庭中每个成员从目光中自然流露出的爱……

在这种家庭里长大，也造成了我性格上的某些缺陷，外表软弱、胆小、怕事，但有一种深入灵魂的叛逆，在内心深处不停地徘徊，随时都有火山喷发的危险。但我一直压抑着自己心里的情绪，小心翼翼地回避着，从不惹是生非，害怕一点小事成为导火索，引起家庭内部的战争。

然而，我的善良与懦弱，并没能得到别人的夸赞，反而招来了别人的欺侮。我越想息事宁人，对方越是变本加厉。

记得小学二年级的一天，我正独自走在放学回家的路上，突然两个高年级的学生朝我走来，没问青红皂白就一起动手将我暴揍了一顿，发泄完了之后，他们带着胜利的微笑头也不回地走了。

我觉得很委屈，我跟他们素不相识，他们凭什么一时兴起，就将我痛揍一顿呢？就这样，我莫名其妙地挨了打，却不知道自己错在哪里。

性格上的懦弱让我活得很窝囊，事情发展到极端是在小学三年级之后，同年级的坏孩子因为我老实，就截住我要钱。最初是几毛钱，最多也就两三块钱，我还承受得过来，后来发展到十块、五十，稍作反抗他们就打我。我没有那么多钱，更不敢向爸妈要，真正是一筹莫展。

人说，狗急会跳墙。有一次，我实在被逼急了，决定豁出命与对方大干一场，来个鱼死网破。

那天放学后，走到一个胡同口儿，那小子又出现了，他截住我，张手向我要钱，我头也不抬地回答道："没有！"

面对我的断然拒绝，他觉得很是吃惊，然后，愤怒的他伸手从书包里向外掏东西，当时我想肯定是凶器，情急之下我赶紧飞起一脚踢了过去。因为我踢得突然，他防备不及，顿时站立不稳步伐踉跄，我顺势压过去，一把夺过刀，没头没脑地举起来就砍，疼得他哇哇大叫。幸亏那时是冬天，他穿着棉衣，再加上那刀挺钝，否则他早被我大卸八块了。完事后，我拎着刀转身就走，这时，我一回头，看见一群跟着看热闹的同学早吓得无影无踪了。

当时，小小年纪的我一点法律观念也没有，光顾着发泄一时的私愤，完全没有考虑任何后果。回到家后，回想起刚刚发生的一切，心里才感到莫名的不安。心想自己这下闯了大祸了，即使不让公安局抓走，也得让我爸抓住往死里揍。没事的时候，爸爸还老打我，何况这次找到了堂而皇之的理由呢！

那天晚上，我借口头疼没有吃晚饭，其实是为下午犯的事而感到惶恐不安。

奇怪的是，第二天上学，那个被我砍的小子却远远地躲着我。

后来我才知道，因为刀钝，我只砍坏了他的棉衣，没伤着他，那家伙的背上虽然被我砍得到处都是血，但因为自己挑衅在先，所以也没敢告诉家长，我才得以安然无恙。

我"一架成名"，其结果是从此以后再也没有人胆敢拦截我，一些小痞子看见我先是怕、躲，后来又主动上来与我套近乎，那个霸道的同学从此看见我就跑。无意中，我倒成了众人眼中的"英雄"！

马善遭人骑，人善被人欺。一顿拳头却使自己受到别人的尊敬，我开始崇拜起了暴力。从那以后，为了保护自己，为了显示强大的威力，我的书包里经常带着一根尺把长的铁管，其中一头又尖又锋利，我决定拿起武器自卫，暗自发誓绝不要再受别人的欺辱！现在想起来，当时没犯罪那可真是万幸！

声名在外的我，很快就成了男孩中的“领袖”和“名人”，他们都恭敬地称我为“老大”，每天耳提面命地接受着我的“教诲”，我们学着香港电影里的样子，拉帮结派、称兄道弟，如果哪个兄弟受了别人的欺负，我就会挺身而出，帮别人出头，为他们挣回面子。

至今我仍记得那时候因为顽劣，自己经常打架，有时候打别人，有时候也被人打，身上动不动就挂着彩，但那似乎也成了我炫耀的资本，我甚至还主动捋起自己的外衣，接受别人欣赏的目光。

为了寻求自我保护，每天总有一帮小弟跟在我的屁股后头，每当有好吃的东西，他们往往舍不得享受，而先要孝敬我。上学放学的路上，不用我吩咐，自会有人争先恐后地帮我背书包，第二天再帮我背到学校。说实在的，很多时候，自己的书包究竟被谁背回了家我都搞不清楚。不过我也无所谓，反正作业我是不会做的。但让人觉得奇怪的是，即便如此，我的学习成绩却并不见得多么糟糕，也许是因为我天资聪颖吧。

当时，教我们班的数学老师和语文老师是一对儿夫妻，但是两个人的性格却迥然不同。数学老师身为男人，身强力壮、脾气暴躁，学生一旦犯错，通常是怒气冲冲、拳脚相向，像我这样的不安定分子，那就更不用说了。我的手心也不知道被他抽过多少回板子，但我这人就是倔，即使抽得再凶，我也咬紧牙关、一声不吭。而数学老师的老婆，也就是我的语文老师，则要温柔善良得多，她对每个学生都是那么的和风细雨，让人觉得亲切无比。

对于他们俩，我们可以套用范伟的一句台词来形容：我就纳闷了，同样是生活在一起的两口子，做人的差距咋就这么大呢？所以一直以来，我喜欢文科甚于理科，也许是因为那时的影响吧！

有一次，我又和别的学生打架了，自然被请进了班主任——数学老师的办公室。但我早已练得刀枪不入，对此根本就无所畏惧。

数学老师见我完全不把他放在眼里，顿时来火了：“哼，你还挺有骨气的，够胆！说，是谁指使你这么干的？”

“没有人叫我去，我自己要去的！”我不想破了“帮规”，将别的兄弟牵扯进来，那样我就未免太不够义气了。

“那又是和哪些人一起去的呢？”

“没有别人，我一个人去的！”我倔强地仰着脸，尽管看起来稚气未脱。

……

审问的最后结果是数学老师什么也没有问出来，倒窝了一肚子的火，也许是实在想不出更好的办法了，他终于抽出了自己的尚方宝剑：传唤家长！

爸爸铁青着脸赶到了学校，没顾上向班主任道歉，操起一旁的扫帚照着我的双腿就打，数学老师却在一旁冷眼相看……一顿没头没脑的暴打，我的一条腿都快被打瘸了，走起路来钻心地痛。

最后，我追根溯源，猛然发现，真正的罪魁祸首不是爸爸，恰恰是那个可恶的数学老师。若不是他传唤我爸，我至于这样受折磨吗？我在心里暗暗地想：别以为你现在身材比我高大，拳头比我硬，就了不起，等我长大了，看我不把你掀翻在地，踹你个满地找牙。你就等着瞧吧！

可是如果非要等到我长大的那一天再去报复数学老师，那也实在是太漫长了，那时说不定我早就忘记了这些事，说不定我和他连见面的机会都没有了，所以最好是给他来个“现时报”，让他也知道什么叫暴力，什么叫折磨！

从那以后，我一看数学老师，眼睛就上火，我曾经与几个“哥们”密谋在小胡同里，用布蒙上他的头，将他毒打一顿，揍他个生活不能自理，可是一直没找着合适的机会。所以，心中一直怏怏不快。

一个春天的午后，机会终于来到了。

那天，我发现数学老师瘸脚的女儿正独自一人坐在操场的高台上，手里拽着风筝的线，她望着飞向远方的风筝，轻声地笑着，表情惬意。她的玩伴都放飞着自己的风筝，顾不上她了。我忽然灵机一动：治不了数学老师，我还治不了她的女儿么？想到这里，我的心里出现了一个恶毒的念头。

我冲上去扯走她手中的线，因为用力过猛，小女孩一下子摔倒在地，但我已经顾不上这么多了，在她还来不及明白是怎么回事时，我拉断了线，让美丽的风筝飞走了，最后一头栽在高高的槐树上……

这个瘸脚的缺乏营养的小姑娘趴在地上委屈地哭了，眼泪簌簌地落满了她苍白的脸颊，我根本不顾她的痛苦，却是又自得，又舒心，心里洋溢着报复之后的快意和满足，甚至想到了数学老师得知女儿受委屈之后的沮丧和失落，哼，他也知道痛苦的时候啊，惩罚我的时候怎么就不知道积点儿德呢！

我心想着这下总算让我报了半箭之仇啊，真是爽极了。

突然，周围的嬉笑都停了下来，我猛地抬起头，突然发现一向和蔼的语文老师就站在我身旁不远处。我忽然意识到，这个瘸腿的女孩是数学老师的女儿，但她同时也是语文老师的宝贝呀！可我……

我该怎么办呢？那时，我完全可以拔腿逃去，但我没有，因为语文老师在看着我。若是我妈妈，她会训斥我；若是我朋友，她会劝告我；而她是我的老师，她只是安静地看着我，没有一点责备，没有一点埋怨，眼睛里充满了对我的怜悯和温和，她就这样一直地看着我，仿佛期待着我能够上前做点什么。

或许她对任何人都是这样宽容，这是她的天性。最终我什么都没有做，只是傻傻地呆站在一旁，但我在她的眼神注视下却觉得有点无地自容，我感到自己的良心受到了谴责，隐隐觉得有些不安。

“妈妈！”那个小姑娘挣扎着爬起来，拄着拐杖来到了语文老师的旁边，伸出手来拉了拉母亲的衣角，拿出怯怯的眼神来看我。语文老师眨了眨眼睛，搀扶着她走过来，伸手拂去她掉在额角的乱发，抱起她的孩子，慢慢地走下了高台。

我愣在那里，眼睛潮湿，心潮澎湃着，我想若是换了我，面对自己的孩子被他人欺负，特别是自己完全有能力“教训”这个人的时候，我一定会毫不犹豫地向他伸出宽大的巴掌，让他吸取教训。可她却没有这么做，而是用饱含深意的眼睛看着我，让我的心里觉得虚虚的。

我第一次意识到自己错了，我错了，错得彻底，小女孩是无辜的啊，何况她还是个残疾人，想到这里，女孩委屈的模样就会浮现在我的眼前，她的哭声撕裂了我的心肺，我的内心感到一阵战栗。

也就是从那个春天的午后开始，我不再顽劣，不再热衷于炫耀自己的“武功”，我带着一颗无比愧疚的心坐在课堂里，听语文老师讲课，看她宽容的眼神。我再也不好意思在下面做小动作了。

我渐渐明白，拳头并不是解决问题的唯一方式，幼稚的报复带给我的是沉重的心灵包袱，那种卑劣的小人行径也不是我心所想，我不愿意在这条黑色的道路上一头走下去，因为那里不可能有光明！

想通之后，我的日常行为也发生了相当大的变化，渐渐的，我的性格变得异常的温和宁静，由于学习太过刻苦，我变成了近视眼，别人都说我已经成了一个乖巧的小男孩，连数学老师都向我露出了难得的笑脸。

此后，每当我遇到不顺心的事，怒火中烧的时候，语文老师那双充满宽容和善良的眼睛就会不自觉地浮现在我的眼前，鞭策我不断自省，催我奋进。

如今，我已是市重点中学一名高二学生，还获得了市十佳青年的殊荣。我终于成为老师信任的好学生，家长眼中的好孩子，在这里，我要感谢语文老师，是她让我警醒，引我走向光明。

2015年春天，利用“五一”假期，我特意买了个漂亮的风筝专程送给语文老师的小女儿，小女孩已经长大了，上了小学。看到我手中的风筝，她显得是那么的高兴，也许她早就忘记了我曾经伤害过她，还一个劲儿地对我说着“谢谢”。

语文老师在一旁默默地看着我，目光温和，眼里充满了赞赏。

金钥匙

因为受到了家庭及周边环境的不良影响，小波走上了以暴制暴的歧途。

但是，小波骨子里并不是个坏孩子，他是有自尊的，当他对态度粗暴的数学老师实施报复时，语文老师宽容善良的目光让他的灵魂受到了一次强烈的震撼。正所谓“此时无声胜有声”，小波从此走上了光明正道。

俗话说，救人莫若让人学会自救，外界的压力如果不能转化成孩子内心需要的话，即便是再强硬的手段也是徒劳，作为一名教育工作者，我们必须清楚地认识到这一点。

雨青，15岁，初中二年级学生，成绩优秀，任该班班长。因父亲杀人被囚，其心理一度灰暗，自卑至极。

老师的椅子给了我勇气

虽然前面的人生道路还很漫长，也许还有不少坎坷波折需要我去跨越，但我还是要感谢老师的那把椅子，正是在它的帮助下，我才有了重新站立的勇气！

小时候，我有一个幸福的家，生活甜美如蜜。然而天有不测风云，五岁那年一场突如其来的灾难让我们这个原本完美幸福的家庭陷入了绝境，在这之前谁也没有想到——爸爸居然杀人了！

虽然爸爸只是出于一时冲动，错手将对方打死，但是致人死亡，这却是不争的事实，事情是这样的——

那天早上，爸爸出门讨债（我们家原来在市区卖木材，有时候也赊账给别人），对方拒不认账，盛怒之下爸爸操起屁股底下的凳子劈头盖脸地打了过去……这一下不打紧，对方却被打倒在了地上，再也没有爬起来……

事情的结果可想而知，打死人触犯了法律，我最崇拜的爸爸突然由人人称赞的好丈夫、好父亲成了"十恶不赦"的杀人犯，被警察逮捕了，随后关进了监狱，这样的突变怎能让我接受？

那段日子，妈妈想尽一切办法试图帮助爸爸减轻罪行，想过赔偿，甚至想过贿赂他人，可是一个弱小的女人能有多大作为？舅舅在一旁奔忙，操碎了心，依旧无法拯救爸爸。伤心欲绝的妈妈整天以泪洗面，少不更事的我不见了爸爸，也张口哇哇大哭。

就这样，爸爸成了杀人犯，我也连带着成了别人眼里杀人犯的女儿。

那时候，我在幼儿园里上学，小朋友们也许是听信了他们大人的话吧，她们很少跟我接触，看我的眼神也总有点不对劲，似乎有些怕怕的，究竟怕些什么呢？又有些说不清，我觉得好孤独。

更可悲的是，老师也鄙视我，她偏激地认为我肯定不是什么好东西，因为"有其父必有其女"，既然我爸爸是个穷凶极恶的杀人犯，那我将来肯定是个品质恶劣的人渣子，说不定也是杀人犯呢！

在幼儿园，明明有理的事我也不敢跟别人争，只要稍一反抗，对方就会一口啐我：杀人犯！

我被人欺负，心里很痛苦，在人前自卑得几乎抬不起头来，只能跑回家里把头埋在被子里默默地哭泣，那种疼痛和无奈是别人无法体会的。

不错，我的爸爸是杀人犯，可这一切都怨我么？爸爸的行为并不代表我啊，我何尝不希望自己的父亲是一个正常人，周末能拉着我的手一起逛街，去买漂亮的衣服，全家人开开心心地生活在一起！

没有人跟我玩，也没有人看得起我，由于妈妈的心情一直不好，对我的生活也不够关心，我常常不吃早饭就上学了，严重的自卑占据着我的心灵！

秋天来了，树荫下的小路上盖满了落叶。书包依旧窝窝囊囊地耷拉在我的肩上，就像我的心情一样。我逶迤地朝学校走去，刚到学校就遭受了班主任劈头盖脸的一顿训斥："你看你，头发也没梳，像个小要饭的！……"

对于老师过分的训斥，我并不十分恼火，以前我哭过，但现在已经麻木了。老师叫起班长，让她汇报我昨天在家的学习情况，班长是我的邻居，她很兴奋地站了起来，一丝不苟地讲着："昨天是我叫她到我家完成作业的，她的作业完成后，我还给她检查了一遍，她的数学错了两题，语文……"

老师好像在夸奖班长："同学们都应该向班长学习，像她那样热心地帮助成绩差的同学……不过，我们班有的同学不光是成绩差，而且连最起码的羞耻心都没有！……"

我知道老师是在刻意讽刺我，但是我敢怒不敢言。那天早上老师的话深深地刺伤了我，我感到自己的脑袋里仿佛有只苍蝇在嗡嗡作响。这一整天，我一直都在胡思乱想，满脑子装着的都是老师无情的话语。

放学回家的途中，我无意中发现了一只猫，它好可怜，四只小腿颤悠悠地晃着，站都站不稳似的，小脸是那么的瘦，衬托得一双眼睛出奇的大，身上的毛脏兮兮地粘在一起，乱糟糟的。它站在我家楼下的垃圾桶旁，瞪着那双大大的眼睛看着我。

它的声音是那么细那么小，让人听了直想哭。

我把它抱了起来，它挣扎着，可却显得是那么无力。我想回家给它洗个澡，把它喂得饱饱的，养得肥肥的……

"哪儿来的猫？"是妈妈回来了，她显然不喜欢这个腿细得打晃的小东西，连眉头都皱了起来。

"路上捡的！"我惶恐地回答。

小猫站了起来，像我一样的一脸惊恐。妈妈把它拎起来看了看，又"叭"的一声扔到地上，"这么差劲的猫，恐怕是不会捉老鼠的，扔出去！"

那个晚上我一直都在不停地向妈妈央求着，但没有用，妈妈生气地说："我现在连你都养不过来，哪还有心情养它！"

妈妈倔强地把猫儿扔了出去，我伤心极了，整个晚上一直在担心，小猫在外面冷吗？它的肚子还饿着呢！

第二天很早我就醒了，从床上爬起来我就往垃圾桶跑，可是猫儿呢？它已经不在了！它到哪儿去了？这是四楼啊！它是不是摔下去了啊！我跑下楼，可连猫儿的影子都没能看见。

吃早饭的时候，妈妈说：“那猫儿昨天叫了一个晚上。”

“它会不会摔下去，摔死了？”

“不会的，猫儿摔不死，命贱着呢！”……不知怎的，我忽然觉得，我与这只猫又有什么区别呢？

没过多久，趁着周末休息时间，我和妈妈一起坐车到很远的地方探望爸爸，隔着铁栅栏，我看到了剃了光头的爸爸，他穿着带着号码的囚衣，瘦得不成样子。看到我，一向坚强的他竟然流下了眼泪，我满腔的幽怨顿时灰飞烟灭，一场大哭之后，我和妈妈给爸爸留下了一些东西，悻悻地回去了。

临走前，爸爸对我说：孩子，爸爸一定会回去的！你在家要好好听妈妈的话啊！不要闯祸！不要让妈妈操心！

我擦干眼泪一个劲儿地点着头。

为了遵循爸爸不让我闯祸的教诲，我默默承受着所有的委屈，包括别人的欺凌与老师的嘲弄。

有一天放学，舅舅来学校接我回家，恰好撞见几个不怀好意的女生正在狠劲地拽着我的辫子，看到我受别人的欺凌，舅舅显得很是生气，他一边大踏步朝前走来，一边大声呵斥道：“你们在干什么呢？”

舅舅的一句话，将那些欺负我的人全都赶走了，舅舅走到我的面前关切地询问：“青青，她们每天都这样欺负你吗？”

听了舅舅的话，我心里的委屈一下子如开了闸的洪水奔涌而出，我扑进舅舅的怀里，大声而放肆地哭了起来，发泄着自己内心所有的委屈。

为了不让我再次受到别人的欺负，舅舅跟妈妈建议，让我转学到别处读书。他说，青青在学校里受人欺负，只有换个环境才能保护好自己。舅舅还责怪妈妈不关心我，并扬言如果妈妈没时间的话，他就要接管我了。

最后，妈妈拗不过舅舅的坚持，只得答应给我转校，听了他们的话，我满心欢喜，以为自己终于能够脱离苦海了。

转校之后，最初的那段日子我很开心，因为自己终于摆脱了另眼相待的老师，摆脱了狗眼看人低的同学，寻回了原本属于自己的尊严。

可是没过多久，我就体会到“好事不出门，坏事传千里”这句话的真正含义了。不知道为什么，那么多人仿佛在一夜之间全都知道了关于我家的事，知道了我是杀人犯的女儿，知道我在原来的学校里从来就不受人欢迎。在新的环境中，大家对我有着一种本能的拒绝和冷淡，我照旧被人看不起，照旧有人欺负我。

初来乍到，教室已经坐得满满当当的了，只有最后一排的角落还有一个位置，无奈之下，我只能随遇而安地坐到那里去了。班主任老师将我安顿下来之后，态度和蔼的跟我讲：小青同学，你先坐，过几天再调整！

听了老师的话，我乖巧地点了点头，说实在的，那一刻我并没有心存奢望，或许老师不过是说说而已，不用当真的。如今的我已经自卑得一塌糊涂，从不奢望自己受到别人的重视与关爱，我将自己的心门紧紧地锁上，不与人交流，甚至连一个眼神的交流也没有，因为我知道别人都不喜欢我，如果我厚着脸皮去打扰别人，那不是自取其辱吗？

我默默地看书，做着不会做的题目，心里平静而坦然。

其实，我觉得即便是坐在最后一排也没什么的，只是我坐的那条凳子坏了一条腿，我只能一声不吭地勉强坐着这条三只腿的凳子上课，并且得时刻留意着，免得一不小心从凳子上摔下来。

可恶的是，我的同桌，一个调皮的男孩正好抓住了我的痛处，想着法子拿我取乐，他稍一使劲蹬我的凳子，我就会一屁股坐到地上。虽然摔得很疼，但我却不敢声张，只得从地上爬起来，抹着眼泪继续做题。

更糟糕的是，有一天班主任老师正在上课的时候，我这个被人忽视的角落突然发生了“意外”——同桌男孩故伎重演，我一个不小心，竟然闪在了地上，桌上的书本、文具盒也一起摔在了地上。

听到异样的响声之后，全班同学都像看动物园的猴子表演一样伸长了脖子看我，同桌和其他的同学一样，坐在自己的位置上，笑得前俯后仰。

我坐在冰凉的水泥地上，又气又疼，气这条残疾的凳子，也气自己太笨，这一下也把我身上多处摔得很疼。说真的，我后悔来这儿上学，这儿跟从前一样，同样缺少温情，我真想回家去。

听到异样的响声之后，老师愣了一下，接着停止了讲课。我以为自己扰乱了正常的课堂教学秩序，肯定会挨一顿猛烈的批评，谁知老师却从前排走过来，把我扶起，又帮我把文具盒和书捡了起来，然后缓慢走上讲台，平静地说：“这样很有趣吗？要不哪位同学也坐坐这条三条腿的凳子？”

他的目光在教室内环视了一周，教室内顿时变得鸦雀无声。老师继续说：“呵，应该是很有趣呀，刚才大家不是还高兴得哈哈大笑吗？”

同学们没有说话，全都低着头，有的人在回头看我的同桌，而同桌的脸红得像猴屁股。老师说：“大家都非常聪明，都知道坐三条腿的凳子不好受，本来，同学有了困难应该互相帮助，你们不但不帮忙反而拿她取乐，我想，大家都应该好好反思反思！自己心存这样的念头是不是很光荣？”

老师弯下腰，将自己用的椅子搬到我的座位处，让我坐上继续听课，班上的秩序很快就恢复了正常。

我接过椅子时，老师用信任的目光看着我，顿时，我的心跳得厉害，觉得有一股暖流掠过心头，因为我突然感觉到自己并不是像所想象的那样完全是孤立无援的，不是还有老师吗？我能看得出，班主任老师是关心我的，这个老师不因为我是转校生而不管我，不因为我的爸爸是杀人犯而歧视我！

那节课，是我有生以来听得最投入，也是我听过的最生动最感人的课，我第一次将老师的话全听懂了。

课后，红着脸的同桌喃喃地找我道歉，听着他的话，我的脸更红了，不知道该说些什么才好。

第二天，班主任从学校找来了一条新凳子，并且重新调整了座位，我也彻底告别了坐在最后一排的历史。下课后，老师找我谈话，让我不要生同学的气，小孩子不懂事，希望我好好学习。

听了老师的话，我的心里热热的，眼泪也随之唰唰而下，我第一次感受到了被人重视和平等相待是那么的幸福。

从那以后，我重新振作了起来，我明白了一个人的出身是不可以更改的，但是除此以外的东西却可以通过我们自身的努力而得到改变。

我相信只要自己拥有过硬的知识水平，高尚的道德情操，就一定能够获得别人的尊重，也只有这样，才是对那些嘲笑和鄙视我的人最好的回击。只有这样，我才对得起老师送给我的那把椅子。

我开始变得快乐，变得自信起来，灿烂的笑容第一次爬上了我的脸庞，我感觉生活一下子充满了阳光。我的学习成绩提高很快，还荣幸地当了初二（3）班的班长，这可是全年级唯一的女班长啊！我格外珍惜这样的荣誉，下定决心在搞好学习成绩的同时，一定要做好班里的工作。

现在回望过去，虽然爸爸做错了事情，虽然对他也曾有过责怪，但我并不恨他，相反，我希望他能早点出来，希望上天能够让我们一家三口早日团圆，不管他曾经做错了什么，始终都是我的爸爸。

我知道前面的人生之路还很漫长，也许还有不少坎坷波折需要我去跨越，但我仍要感谢老师的那把椅子，正是在它的帮助下，我才有了重新站立的勇气！

金钥匙

父亲是杀人犯，而孩子却是无辜的，作为教师和同学，不但不该歧视她，而应该帮助她，温暖她。

老师将自己的椅子让给学生不过是件小事，但是小事照样能感染人、帮助人，正是这件小事，改变了小青的人生轨迹，让她感受到了尊重和平等相待，以全新的姿态投入到新的生活，并由此走上了一条光明之路。

“不以恶小而为之，不以善小而不为。”

如果我们的每位老师都能在平常的工作中不放过一件小事，我想，我们的学生就会多一点温暖，我们的未来就会多一分希望。

蒙，浙江某大学英语系二年级学生，初二以前成绩较差，一度很自卑。

老师的微笑给了我温暖

也许，这一笑是不经意的，也许，这是出于最基本的礼貌，然而，就是这一笑，给了我极大的鼓舞。那片刻间的对视，短暂的心与心的交流，好似一股暖流注入了我的心田，让我充满了信心。

我的学习成绩不好，再加上相貌一般，是个普通得不能再普通的女孩子，所以从来都不被人注意。平时的我沉默寡言，很少与人交流，即使偶尔有人主动找我搭讪，最终的结果也是别人被我的沉闷所吓跑，因此我在班上几乎没有什么朋友。

小时候，我就很不起眼，有一次班里组织春游，走到售票处的时候，我突然有点肚子疼，不想爬山了，就在一旁的石阶上坐了下来，等到肚子不疼的时候，同学们早就走得不见踪影了，我干脆穿梭在门口的小商贩之间，寻找起了属于自己的乐趣。为了不至于和班上的同学失散，我一直在售票处等到日薄西山，才终于发现了他们兴高采烈下山的身影，幸好上下山是一条道，否则我等到天黑也是枉然啊！

有个同学发现我站在售票处的时候，尖叫了一声：咦，你怎么下来得这么快？

我笑笑，原来谁也没有发现我根本就没有上去。

同学们都有值得骄傲的资本，可我没有，我的爸爸是普通的职员，妈妈在深圳工作，一年难得回来一次，我成了没人爱的孩子。

更要命的是，我非常在乎别人对自己的评价。有时候，遇到不会做的题目的时候，问别的同学，他们若是不以为然地说：“哎，这么简单的题目你都不会？真是笨到家了！”听到这样的话，我就会难过半天，我常常想，也许自己真的很笨。不过，这样的话如果是从别人的口中说出来，我还是觉得有些难受。

我是不如别人，学习、体育、美术、音乐……没有一样叫得响，别的同学牛气哄哄地表示自己将来要当什么什么家的时候，我的心里一片茫然，我真的不知道自己适合做什么，能做些什么。

因为爸爸工作调动的缘故，这学期我跟随他转学了。

以前还有几个熟悉的同学和朋友，不至于太孤单，转学后，我的情况更加糟糕了。陌生的学校，陌生的同学，陌生的老师，使我觉得更加的渺小与自卑，我觉得自己的四面都是高高的围墙，游离在同学们的圈子之外，无论如何我也融入不到周围的环境中去，同学们三三两两地在一块儿玩，我被撇到了一边，只能羡慕而无奈地看着他们。

陌生的老师对我的态度也很糟糕，这让我更自卑了，因为无论我怎么做，老师都看着不顺眼，我觉得有些无所适从。

转校后第一次上课，班主任王老师当堂留作业让我们做，为了赢得老师的好感，我很认真地做完之后交了上去。过了一会儿，王老师板着脸叫我的名字，我知道肯定是作业出问题了，就怯怯地走了过去。

王老师把作业本往我的面前一扔，指着一道题说："你是怎么搞的，这题这么简单你还出错，拿下去重做！"接着冷冷地丢下一句："我说这些'门子生'就不行么！"（家人为了能够让我顺利转学，给校长送了礼物。）

听了老师的话，我当着同学们的面难过地哭了。可能老师真的觉得我"无可救药"吧，从那以后，我的作业即便是错得一塌糊涂，她也懒得找我了，很干脆地打个叉，写上一个大大的"阅"字，连分数都不用写。我时常觉得那个"阅"字好像是一张怪脸，在嘲笑般地看着我，看得我浑身痒痒似的很不舒服。

随着年龄的增长，我跟所有的女孩一样，开始注重起了自己的外表。有一天，我穿着一件漂亮新潮的连衣裙去上学，满以为会引得别人的夸赞和羡慕，谁知这又让王老师看着不顺眼了，我听到她在我的身后哼了一句："这孩子学习不怎么样，衣服倒是挺漂亮的！"我浑身打了一个哆嗦，内心像落入冰窖一般的寒冷。

又有一次，我上课迟到了。当我推开门打算跟老师解释原因的时候，王老师的眼睛气得都瞪了起来，她不问原因就将我狠狠地训斥一顿，说什么"转过来的学生还这么牛气，没来几天就敢迟到，再过几天是不是就不来上课了……"

无可名状的惊恐攫住了我。当时的我是那么的无助，那么的慌张，我的心里好难受、好难受，不争气的眼泪流了下来。

没想到这下子老师骂得更凶了："哭什么哭？你以为你是谁？林黛玉？迟到了还不许老师批评？"

我被老师说得无地自容，真想找个地缝儿钻下去，其实我也不想哭，只是控制不住自己的情绪。

在王老师的"统治"之下，我难得有出头之日，却经常被她损得头皮发毛、大脑反应迟钝。

一直以来，我习惯坐在教室第三排靠窗的位置，那是讲台上教师视线的死角，我害怕被人注视，害怕暴露自己，我只想偏安一隅，不惹是生非，别成为别人的眼中钉。

初二以前，我没有从教室第三排那个角落挪过窝。

即便如此，我的心情仍旧一直压抑着，我最害怕的就是考试，特别是发试卷、公布分数的时候，我更是紧张得不行。因为我的成绩差，分数考得少，拖了班级的后腿，每次老师都要狠狠地瞪我一眼，那一眼仿佛是一支恶毒的利箭，射入了我的要害，我的内心像打翻了五味瓶一样难受。

我的心情很复杂，连分数都不敢看，就匆匆地将试卷卷在一起。回到了座位，同桌正在四处炫耀自己漂亮的战绩，因为他考了 96 分，而我只能将手中那张写有 69 分的试卷悄悄地塞进抽屉里……

为了鼓励先进、激励后进，班主任想了一“高招”，她亲手制作了一张表格贴在教室后面的“学习园地”里，每次考试的成绩都记在上面。“这样好对照比较，”班主任说：“每个人都要超越自己，超越前面的同学……”

我何尝不想一觉醒来洗心革面，成为全班第一名，成为老师关注的焦点啊！可是，那又怎么可能呢？

说实在的，进初中以前，虽然成绩不好，但我的心态还算平和，上课也能与别的同学一样，积极回答问题，课后，也会热衷于参加集体活动。可现在呢，不管是上什么课，我从来都不会主动回答问题，轮到班级组织什么文娱活动的时候，我也是退得远远的，生怕跟自己扯上边，别人询问我的时候，我说得最多的话是——

“这个么，我不会！”

“我想，我恐怕不行吧！”

…………

因为我知道自己做不好，何必再去丢人现眼呢！

那时候，班上没有一个真正关心和在意我的老师，我在他们眼里是个可有可无的学生，他们对我也早已不闻不问、放任自由了。

我的成绩也变得前所未有的差劲，再加上我在班上的人际关系不好，心情难以亮堂起来，渐渐地对自己失去了信心，甚至认为自己也许不是读书的料，学校里的读书生活对我来说已经没有半点快乐可言。

自觉前途无望的我，每天都沉浸在琼瑶的小说中不能自拔，只有在虚幻的世界里我的内心才能得到一点点的解脱。

也许是我“命不该绝”吧！初二下学期，一位新来的语文老师成了我的班主任。

她满头乌黑亮丽的长发，弯弯的眉毛，挺直的鼻梁，而最令我难忘的是她那双会说话的眼睛。那双眼睛虽说不上炯炯有神，却时刻在散发着温馨、慈祥的光彩；虽不十分美丽，却有一种特别的穿透力，让我觉得很亲切。

语文老师充满亲和力的表情和语言给我留下了良好的印象，她上课的时候总是用一种温和的眼神看着我们，总让人觉得她那带笑的眼眸似乎把每个人都纳入了自己的注视范畴之中。

她从不惩罚学生，却又不乏严厉，每次我交上去的作业本上总是被她修改得红红一片，还在重点题目的后面注明可以参考书上哪一页的内容，这让我觉得她是一位认真而极负责任的老师。

一个偶然的机会，我与语文老师在走廊里相遇了。当时我真想说点什么，即使是一句简单的"老师好"也行啊！可我没有勇气，只是目不转睛地盯着老师，看着老师迈着轻盈的步伐一步步走近，我的脑子里顿时变得一片空白。想要启齿，却又发不出任何声响，就像有件东西卡在自己的嗓子眼里似的，心里也七上八下着，不知究竟该如何是好。恍惚中，我们擦肩而过。这时，我的嘴唇微微动了一下，连我自己都没听清自己说了什么，老师却像听到了，随即对我报以微微一笑，这一笑灿若阳光，像二月春风拂在我的脸上一样清爽，深深地刻在了我的心里。

也许，这一笑是不经意的，也许，这是出于最基本的礼貌，然而，就是这一笑，给了我极大的鼓舞。那片刻间的对视，短暂的心与心的交流，好似一股暖流注入了我的心田，让我充满了信心。

我从老师的眼神中受到了极大的鼓舞，获得了巨大的力量。从那以后，我上课认真听讲，下课多做练习，凭着自己的刻苦努力，学习成绩终于取得了很大的进步，一向为我的"不争气"而苦恼异常的妈妈也随之舒展开了眉头。

我喜欢上了这位充满朝气的语文老师，也随之喜欢上了语文，而她呢，对我也是越来越好，经常将我叫起来回答问题，时不时还鼓励我几句。此后，我每天都盼望着上语文课，那种期待的心情是可想而知的。

那个学期的期中考，我奇迹般地挤上了全班的前五名，所有的老师都觉得有些不可思议，甚至有人怀疑，我是因为考试作弊才取得这样惊人的进步，可这种不负责任的怀疑随着期末考试结果的公布被彻底击破，因为这次我不再是班上的第五名，而是班上的第一名，这次怕是没地儿抄袭得来吧！

初中的毕业考试，我考得不错，以优异的成绩回报了自己，也回报了关心爱护我的语文老师、家人——我考上了自己以前想都不敢想的重点中学！

此后的故事，跟每个曾经刻苦学习且最后如愿以偿的莘莘学子并无二致，整个高中阶段，我终日像个虔诚的基督教徒一般捧着书本刻苦钻研，最终功德圆满，考上了理想的大学。

金钥匙

真诚的思想交流，并不只限定于语言。一个会意的眼神，一个细微的动作，都可能让彼此的心湖荡起涟漪。

看似简单的一笑，却可以体现出一个人良好的修养、内心的纯洁善良，作为老师的这一笑，更能直抵学生的心底，让他们感到被人关注，并从中收获信心与力量。看来，作为一名老师，注重自身的道德修养还是不可忽视的。

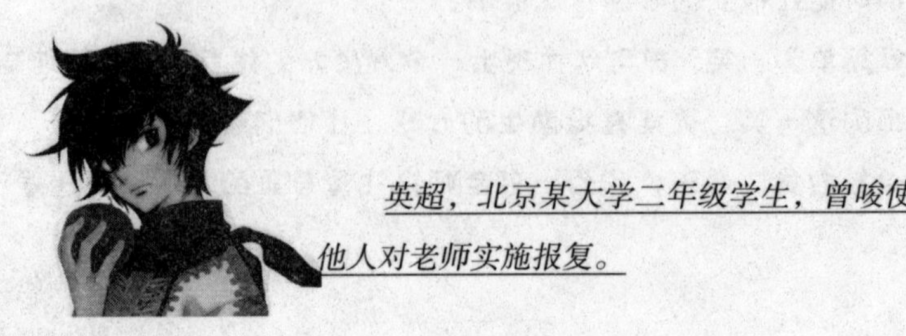

老师的一封信改变了我的人生

如果当初没有班主任的那封信，也许至今我仍在醉生梦死，更不会实现自己考上邮电大学的梦想，是老师的那封信改变了我，使我拥有了光明的未来。

小时候的我非常顽劣，到处闯祸，这让父亲很恼怒，干脆对我实施起了粗暴的“皮鞭教育”，每次打我之前，他还振振有词地说：“黄荆条下出孝子，我要是不给你点颜色瞧瞧，你就不知道你老子姓什么！”

迫于父亲的皮鞭之威，我再也不敢随便在学校打架和逃课了。我的成绩也渐渐的好了起来，可我们之间的父子亲情却越来越疏远了。

上初中后，我学习很刻苦，成绩在班上一直名列前茅。

但父亲对我的管束却更加严厉了，甚至发展到了不许我与任何同学来往的地步。即使我偶尔想到外面去走走、透透风都不行，父亲只允许我晚上和他们一同出去。

由于空余时间不多，稍一有空的时候，我就尽量把那些刺激性强、很过瘾的黑社会打杀枪战片调出来看。片子中的惊险情节对我的触动很大，也许是自己压抑得太久了，我觉得很过瘾。

暑假结束之后，父亲就不允许我看电视了，说会影响学习。可是，这时的我没有电视看总觉得憋得有些难受，上课老是走神，脑子里想的全是片子中的那些打杀场面。

当时，我的脑子里有一种很严重的叛逆思想，总觉得父亲像对待犯人似的教育方式是不当的，我要让父亲明白自己已经长大了，不是一个可以任人随意控制摆布的人。随着时间的推移，我的这种抗拒心理也与日俱增。

在家里不让我看电视，我也不跟他争上风。我知道这分明是胳膊拗不过大腿。放学后，我迅速回家，吃完饭就立即溜进录像厅去看那些香港黑社会的枪杀打斗片。母亲以为我一吃完饭后就去学校自习了，心里特别高兴，总是一下班就匆匆赶回家给我做饭。

在录像厅里，只要一看到惊险的情节，我就会旁若无人地一阵阵惊呼，常常惹得一些人用奇怪的眼神看我。

因为热衷于看录像，我无心学习，开始经常迟到，上课也是没精打采的，对老师的提问常常答非所问，再加上当时我连续两次打断了同一个学生的鼻梁，该同学的家长已经闹到了校长办公室。

班主任对我的行为感到很不解：一个原本好好的学生怎么前后变化如此之大？他怀疑我与父母之间是不是发生了什么问题，于是，班主任决定到我家家访。

老师到我家家访那天，我并不在家。

回到家后，父亲对我一阵好打。这件事后，我对班主任恨得咬牙切齿，恨他在家长面前说我的坏话，害得我受皮肉之苦。

但这仅仅是一连串问题的开端，也许是因为爸爸妈妈叮嘱过班主任什么吧，从那以后，老师对我的管教明显比以前严厉了许多。

那段时间，因为我的精力不在学习上，所以成绩退步得很厉害，班主任就把我当成了反面教材，时常拿我出气。虽然明知他是一种恨铁不成钢的心情，可我受不了，十四五岁的少年，谁没个面子？

有一天自习课补数学，天挺热，我正听得迷迷糊糊的，这时外面突然有人大喊我的名字：英超，英超！

一听声音，我就知道是小梅，小梅是我的小学同学，现在在艺术学校读书，我们俩从小关系就不错，属于青梅竹马的那种，今天她特地赶来看我。我心里一阵激动，几乎没加思索就答应了，一下子忘记了当时是在上课。

小梅这么一喊，全班同学的目光一下子全都集中到了我的身上，我觉得很尴尬，不敢出去，头也不敢抬。

班主任的眼睛紧紧地盯着我，开口说道："英超，你行啊，谈恋爱都谈到课堂上来了，跑这儿来约会了？怪不得你学习上不去！"

我咬住嘴唇，感觉血一个劲地往上涌。班主任并没有就此轻易地饶过我，他走出去冲着小梅说："英超正在上课，你们有什么事私下里还谈不够吗？女孩子家的，这么大声喊一个男同学，知不知道什么叫恬不知耻？"

班主任在说小梅，我却觉得句句话说的都是自己。

小梅被班主任骂得摸不着头脑，她用手指着班主任朱老师："你什么老师，简直莫名其妙！"说完也不管班主任的反应，转身就走。这一下可闯祸了，班主任大概没想到有人会这么驳他的面子，脸色阴沉着，下半堂课一语不发，干脆让我们自习。

事情还没完，小梅来过学校后没几天，班主任拿着一封信来到我身边，递到我的手里，说："念念，让大家都能听见！"

我不吭声，也不去接信。班主任提高声音又说了一遍。我不情愿地站了起来，接过信。信已经开了口，不用说，班主任已经拆开看过了。我一边在心里骂小梅添乱，一边不情愿地念了起来。

小梅的信倒真的没什么出格的内容，只是对我说了一些念旧的话，并说我们班的老师真是岂有此理，最后是几句要命的诗：你在六月里 / 站成了一片绿荫

/我的心于是迅速成熟/结成你挺拔的树上/一枚酸酸的青果。

我嗫嚅地念完了，班主任拿捏着那首诗做文章，经过深入的分析之后，他发话了：“这不是早恋是什么？你们都还是中学生呢，考上好的学校才是首要目的，可现在小小年纪就儿女情长的，谈恋爱如火如荼，哭的时候怕是没人给你们擦眼泪！英超，跟同学们说，我谈恋爱我不对！”

我在全班人的注视下走上了讲台，硬着头皮检讨说：“我谈恋爱，我不对。我谈恋爱，我不对……”

检讨完毕之后，我不知道自己是怎么走下讲台的，也不知道是怎么回家的。那段时间，我的精神几乎处于崩溃状态，我一下子病了，怎么治都不见好，在家里一待就是半个多月。那段时间，我不上街，不走亲戚，不见同学，因为我怕受到别人的嘲笑，怕别人说我是个早恋的学生。

虽然我没有出去，但是却有不少人来我家里看我，那些跟我关系要好的社会上的哥们儿也常来找我玩，得知我的遭遇之后，他们几个都愤愤不平，有人当即提议：像这样的老师根本就不配上讲台，要不哥们儿几个给你出口气？

我也在心里琢磨着：是啊，你当众出我的丑，我也叫你好看！

不过，现在行动的话太危险了，万一暴露目标对自己不利，还是等中考结束后再说吧！正所谓“君子报仇十年不晚”。

中考结束的当天，我和那几个哥们果然行动了。

哥们在一条无人的巷子里截住了班主任，看着一向飞扬跋扈的老班被几个兄弟三下两下打得躺在地上，一下失去了往日的神气，我的心里涌涨起一股报复的快意。

中考之后，我照旧若无其事地去取毕业证、普通高中录取通知书，看到老师手缠绷带的滑稽相，我有点想笑的感觉。

老师受到了应得的惩罚，我却安然无恙毫发无损，这让我很得意。

进入高中以后，由于成绩不好，我对学习没有兴趣，依旧我行我素。

那时候，我坚持认为：马善被人骑，人善遭人欺。因此在心里打定主意：无论如何，我再也不能让人凌驾在我的头上作威作福了！同学也好，老师也罢，只要我看不顺眼，只要有人胆敢对我不公，我就依靠自己的拳头来摆平一切！

渐渐的，我热衷于使用武力来达到自己的目的。

有一天，我在食堂里打饭，有一个吊儿郎当的高年级学生突然撞了我一下，他碗里端着的菜汤一下子泼到了我的皮鞋上，本来我也没想要小题大做，但可气的是，那家伙竟然对此毫无歉意，可能看出我是低年级学生，个头又比他矮，以为我好欺负，居然什么也没说扭头就走了。

我喝住了他："站住！"

他不以为然地回过头来看着我说："怎么了？"

我指着自己的皮鞋说："你，给我把皮鞋擦干净！"

对方不干，嘴巴还挺硬，我的心中顿时升腾起一股无名之火，这家伙怕是骨头痒痒了，我不给他点颜色他看看他不知道自己算老几。就在他趾高气扬的掉头准备走人的时候，我不动声色的操起食堂里的一把椅子，朝他砸了过去……

虽然因为打架受到了学校领导的批评，但我并不后悔，毕竟我出了一口气嘛！

此后，我又打过几次架，由于我干起仗来，豁得出去，一时间，我竟然成了学校里人人敬畏的"狠"角色，再加上我在社会上还有一帮兄弟罩着，在学校自然是没人敢惹我，虽然没有多少人愿意跟我交朋友，但却不以为然。

那时候，我们班有位教化学的老师，对于他，我很是看不顺眼。怎么说呢？平日里，他的态度傲慢无礼，还几次三番的让我们罚站，有一次我不满地顶撞了他几句，他竟然愤怒地将我赶出了教室。我也不甘示弱，当时真的头也不回地大踏步走出了课堂，这让他丢尽了面子，因为他只不过想威胁威胁我罢了，没想到我根本就不吃他那套。

从那以后，他和我茆上了，老是变着法儿的打压我，企图以教师的优势地位来压制我。

我心里很恼怒，觉得他不是好东西，想给他点颜色他瞧瞧。我找来几个要好的朋友，让他们想想办法，帮我出了这口恶气。经过一番密谋，我们形成了一个初步计划：逮准机会，等化学老师走到某个无人的小巷子的时候，他们几个"陌生人"立即冲上去将他的头用衣服包住，然后一顿暴揍，打完之后顺便警告一句："你以后小心点！"让他好好反省反省，然后立即走人，这样就做得天衣无缝了。

我点点头，认可了这个方案，此后，我开始寻找起了下手的机会，由于有了上次痛打朱老师的经历，这次无论是从心态上还是措施上，较之以前我都从容多了。

就在我们准备实施计划的前一天，我突然收到了一封信，陌生的笔迹让我觉得有些奇怪，打开信后才觉得惊讶万分，没想到那封信居然是初中时期的班主任朱老师写给我的，他找我有什么事呢？是不是报复他的事败露了？

英超：你好！

我考虑了很久，才提笔给你写这封信。我在写信的时候，心情是十分复杂的。一个中学老师，他亲手带出的学生将来能够考上大学，成为对社会有用的人才，这是对老师的最好的报答。所以，大概每一个老师都和我一样，对学习上不肯上进的学生有一种恨铁不成钢的心情。我这样说，并不是为自己对你的变相体罚找借口。我曾经深深地伤害过你的心灵，而对于一个孩子来说，这比肉体的伤痛更令人难忘。

教师被称为人类灵魂的工程师。我从事这个工作已经二十多年了，教过的学生无数，我一直以为讥骂讽刺是激励学生的最好办法，但在你之后，我知道这个方法错了，塑造一个人更应注意培养他的健康的心理素质，我从你母亲那儿详细了解了你在家休养那段时间的情况，我为给你造成的伤害感到歉意，在此向你道歉，虽然这道歉已经晚了，但请你相信我的真诚。

你的老师

读着朱老师的信，我哭了，泪水好像从来没有像今天这样畅通无阻地从面颊流淌过。也许老师对我的态度曾经有过问题，可世界上没有无缘无故的爱，也没有无缘无故的恨，老师责怨我毕竟也是对我负责，为了我好啊！人说，一日为师，终身为父，我竟然对自己的老师下黑手？实在是太不符合常理了。现在，不明就里的班主任竟主动向我道歉，更让我有种无地自容的感觉。

从那天起，我真正醒悟了过来，也意识到了自己从前所做过的一切错事是那么的不应该！

合上信，我陷入了沉思，我不知道应该怎样才能表达自己对老师的歉意，说实在的，我已经没脸再见老师了，唯一的弥补措施只能向他坦露自己的愧意，只有这样，我的心里才会觉得稍微平衡一点。

第二天，几个兄弟来找我，告诉我机会来了，化学老师出门买菜，肯定要经过一条巷子，准能逮住机会。听了他们的话，我却漠然地摇了摇头，叹了口气说："算了吧，我今天有点不舒服！"听了我的话，兄弟们用奇怪的眼神看着我，可是看着我坚决的神情，他们也没多说什么。

我决定放弃对化学老师的报复计划，因为我不想自己再一次后悔。尊敬老师是一个学生最起码的道德底线，而我却一而再再而三地动起与老师动武这种邪恶的念头，实在是太不应该了。

我没有对朱老师食言，高中三年，我一改过去的懒散作风，埋头苦学，一步一步踏踏实实地向前迈去。由于我的努力，学习成绩进步得很快，高考的结果是让人无比高兴的，因为我如愿以偿地考上了理想的邮电大学。

拿到通知书后，我给朱老师打了一个电话，他显得异常的高兴，那一刻，我们会意地笑了。

我想，如果当初没有班主任的那封信，也许至今我仍在醉生梦死着，更不会实现自己考上邮电大学的梦想，是老师的那封信改变了我，使我拥有了光明的未来。

金钥匙

眼下，有不少老师动不动就用讥讽的手段来激励他们的学生，有的学生在老师的这种讥讽中找到自尊，发奋努力，走向了成功；而有的学生却由此笼罩在永远也挥之不去的阴影里，甚至走向了极端。看来，老师在对待学生的教育方法上要根据具体情况，区别对待，尽量不要伤了学生的自尊，因为对于一个学生来说，心灵的伤害比肉体的伤害更令人可怕。

浩，自由撰稿人，曾因结交损友，误入歧途，千方百计地向家人骗钱。

老师的话点亮了我的人生路

虽然我的学习成绩不算好，但是三百六十行，行行出状元，我还可以尝试在别的方面突破嘛，而写作正是我的强项，我何不尝试尝试呢？语文老师的那句并不经意的话恰恰为我指点了一条明路。

我是幸运的：从小出生在一个幸福的家庭里，爷爷奶奶对我这根家庭独苗宠爱有加，捧在手里怕摔，含在嘴里怕化；父亲母亲更成是天围着我转，凡事一味地迁就、迎合我。

记得小时候我极其调皮，有时父亲不得已要教训我时，母亲就会上来劝阻，无非是用些年少不懂事之类的陈词滥调为我庇护，而这时奶奶若在我家，则又摆出长者的身份教训父亲："男孩子自小就应该活泼些，不然不聪明，你小时候还不如他现在乖呢！"

一席话数落得父亲无言以对，只好作罢，在大人的辩护下，孩提时代的我因此养成了有恃无恐、极为任性的性格。

上学后，记不清是由于自己的发奋努力，还是对基础知识天生具备某种灵性，反正整个小学阶段，我的学习成绩在班上一直名列前茅。父亲见我成龙在望，在我小学毕业后想方设法地将我送进邻县一所重点中学，住校读初中。

那时我才 12 岁，毋庸置疑，一向疼我的父母内心深处是无论如何也舍不得让儿子去面对一个陌生、寡助的环境的，但"望子成龙"的千年古训使他们别无选择，不得不忍痛割爱。

长期在外求学，直到周六周日才能被父母接回家，我与他们之间的沟通日渐减少，慢慢地，彼此间形成了一道厚厚的隔膜，而他们并未意识到这一点，总以为回家后沉默寡语的我是因为学习太苦太累的缘故。由于没有意识到思想上的偏差，他们所能想到的也只能是不断的给我补充营养，并把大把大把的钞票塞进我的兜里，让我带到学校，以此作为对我学习辛苦的一种补偿。

父母不理解我的烦恼，让我觉得很苦恼，但我却也不愿点破。

有句话说得不错：父母是孩子的启蒙老师。他们的行为似乎在告诉我什么事都可以用钱来办成，什么要求也可以用钱来满足。年少的我百思不得其解：难道钱真有这么神通广大?

口袋里的钱越积越多，我开始为自己买各种各样的东西，当我看到花钱为自己带来同学们那么多的羡慕和恭维时，我以为这就是潇洒、阔气，为了维持这种表面的虚荣，我学会了大把大把地花钱。

不过，为了不负父母的期望，对得起他们的那份"补偿"，我还是比较争气，学习上没有放松，中考之后，我以优异的成绩考上了重点高中。父母欣喜若狂，为了表示庆祝，他们特地为我买回一台电脑，还大肆张扬地请客吃饭。

父亲几乎是含着眼泪对亲朋好友说的：“以前，我们学习也很努力，但生不逢时，由于‘文革’的影响而未能跨入高等学府，现在这个未了的心愿可以由儿子来完成，我总算了了一桩心愿！”

从此，为了能够让我安心学习，为家争光，父母对我更是有求必应，尤其是用钱方面更是从不吝惜。只是他们万万没有想到，这恰恰成了我以后走上歧途的一个极其重要的诱因！

高级中学对学生管理非常严格，因为这时“读书足以改变命运”的说法也许很快就能变成现实，迈入大学殿堂是每个高中生梦寐以求的期盼，所以学生们除了学习还是学习，根本无暇顾及其他，而这也正是老师们所期望的。但热衷于“潇洒”、虚荣的我感到终日学习异常浮躁，感觉自己犹如笼中之鸟一样憋闷，头脑里有种渴望出去放松的冲动。

有一次我病了，头痛得厉害，就跟老师请假去看医生，出了校门，走在街上，顿觉外面的空气非常舒畅，头痛竟一下子减轻了许多……

看完病，刚想回校，但脑子一转：反正还有一点时间，何不趁机去潇洒一下，放松放松？这样的念头一旦形成就挥之不去，于是我信步走进一家游戏厅，虽然每个游戏厅门前都挂有“未成年人不得入内”的醒目标志，但我知道那不过是一种摆设，其实只要你给钱，就可以畅通无阻。玩着玩着，我竟忘记了还要上课，一个下午就这样不知不觉地过去了。

傍晚时分，我才踏着夜色回到教室，从不撒谎的我第一次欺骗了老师。由于我一直是老师心目中的好学生，所以他对此深信不疑。

打游戏机很容易使人上瘾，玩了第一次，便会身不由己地想玩第二次、第三次。以后我经常撒谎，或以身体有病或以家中有事等虚假借口向老师请假去游戏厅，玩上瘾的我甚至别出心裁，想法买通医院的一名医生，让他为我出具虚假的病情证明，老师信以为真，认为我身体素质差，还安慰我说没关系，身体是革命的本钱，先把病治好，学习可以慢慢往上赶！听了老师的话，我曾一度觉得有些愧疚，但是已经着了魔的我心已经收不回来了！

当时学校实施的是全封闭式管理，从周一到周五，保卫科对学生出入校门管理甚严，平日就十分关心我的班主任老师还特地为我办了一张出门证，以便我能自由出入校门，及时看病。

有了这张出门证，贪玩成瘾的我将学习抛到了九霄云外，时常留恋于游戏机前，也就是在游戏厅里，我接触到了社会上的一些不三不四的人，其中有一个姓王的青年，才19岁，比我没大多少，却凭着自己的本事“挣”了不少钱，当时是腰挂BP机，兜里还揣着一款小巧的手机，那派头使我十分羡慕。他经常“开导”我说：“学习有什么用？就是考上大学又怎样？像我这样多自在，又不缺钱花……”

他的话对我触动很大，我想起邻居家的表哥，大学本科毕业，却待业在家，至今还没能找到工作；再看我的父亲，虽然没有多高的文化，但生意却做得非常红火，钞票堆积如山……

想到这里，我好像一下子变得“大彻大悟”了，蓦地觉得自己以前刻苦学习之举是多么的“傻帽”！其实不读书照样可以有所作为。这样一来，我再也无心读书了，学校成了我的旅店，而游戏厅、录像厅、台球房等娱乐场所则成了我的“老朋友”，我在这些地方流连忘返，一日不见，如隔三秋。

在这些地方，我又结识了不少社会上的狐朋狗友，我以此为荣，感觉自己正一步步走向“成熟”。

有一天晚上，我和几个哥们在一起吃饭，有一个姓郑的对我说：“今晚我带你去一个绝对刺激的地方！”我二话没说就答应了。

当晚，我和他进了一家夜总会，夜总会里面一片漆黑，第一次来这种地方，我有些紧张，但郑某安慰我说：“不要怕，尽情玩，有事我帮你料理。”

这里面真怪，刚才还是黑灯瞎火，不一会就灯火齐放，呈现出五彩缤纷、富丽堂皇的景象，再看刚才还静悄悄的舞池里一下子热闹起来，一些人不知从哪儿冒出来，正在舞池里疯狂地扭动……我仿佛置身于梦幻之中。

这本不是一个未成年人该涉足的场所，但我很快被这种灯红酒绿、光怪陆离的场景所吸引……以后我经常来这种地方，学会了跳舞，目睹了他们争风吃醋、打架斗殴的场面，甚至开始学会了与女孩子打情骂俏……

我渐渐沉溺于这种虚幻的世界而不能自拔，我开始抽烟、喝酒，甚至泡妞，短短一个学期，我被那些所谓的好朋友带成了“瘪三”。一时之间我有些头昏脑胀，到处讲义气，谈交情，把自己想象成了《英雄本色》里周润发出演的小马哥，神气得要命。

寻求刺激、贪图享受的我很快就在经济上捉襟见肘了，吃喝玩乐，这一切都离不开金钱，没有钱，还怎么潇洒去呢？

我还小，区区一介学生，没有经济来源，无法像大人一样挣钱自己花，只能从别处借，但是从哥们那里借来的钱也不是无偿的，我还得还啊！看着经济上的缺口越来越大，我忍不住倒抽一口冷气。好在那年春节，压岁钱积下了不少，为了不至于影响彼此之间的交情，我赶紧把欠哥几个的钱还清了。

借钱消费的这条道我不敢走，借钱来得太容易，还钱可就麻烦了。我想我必须搞到钱满足自己的消费。

渐渐的，我从对金钱的依赖、崇拜演变为不择手段地追求金钱。我没有勇气像别人一样去偷去抢，当我发现家里的抽屉里有不少零花钱的时候，心里一阵狂喜，于是不动声色地将那些几块、几十块的小票从抽屉里找出来集中到一块儿，没想到数数，竟然有三百多呢！我觉得很满足，因为这笔钱够我花一阵子了。

300块钱很快就花完了，我还能从哪里弄钱呢？我感到有些头疼。内心苦闷的我向哥们哭穷，哥们不以为然地说："你要是穷的话，那哥们我不就没饭吃了吗？你老爸是大老板，他指头缝儿里漏两张，也够你花几个月的！你自己想想办法，在你老爸老妈那里多下点工夫不就得了吗？这样既容易来钱又安全，不像我们成天提心吊胆的！"

听了他的话，我也觉得有道理，哥们几个没钱的时候，会去偷会去抢，虽然也来钱，但是风险太大，万一被抓住，没有几年出不来，我可不想干这种勾当。但我已经一个星期没有钱花了，连买烟的钱都没有，实在混得太窝囊。

无奈之下，我回家之后硬着头皮对父母说班上要好的同学过生日，自己想买辆山地车送给对方。听了我的话，爸爸有点不满意，他说："小孩子家的，送那么贵重的东西干什么？爸爸给你100块钱，你自己看着办吧！虽然咱家不缺钱花，但也不能充大头，助长攀比之风呀！"

我心里一阵窃喜，100就100吧，总比没有好，只要有的花，还计较多与少干什么呢！

这样来钱实在太容易，完全凭着一张嘴说说就行，平日里爸爸妈妈忙得要死，哪还有时间仔细琢磨我拿钱干什么？从那以后，我不断编造借口向父母伸手要钱，可他们却全无察觉，一味地有求必应。

一段时期，我觉得向父母撒谎有点烦，所以我就在爷爷奶奶那儿打主意。只要我回到爷爷奶奶那里，根本不用开口，他们就会拿钱给我，爷爷奶奶已经退休了，他们俩也没什么开销，反正每个月的退休金也花不完，再不贡献一点给我这个唯一的宝贝孙子，还能带到黄土里去啊！我用着爷爷奶奶的钱，心里觉得格外的理直气壮。

虽然在外头混得越来越溜，越来越有派头，可我在学校里的日子却一天比一天更不好过了，我的成绩越来越差，渐渐地在班级的排名垫底了，父母很生气。

为了逼我将学习成绩搞上去，爸爸拿皮带抽过我，没用；妈妈当着我的面哭过，可我却无动于衷，见我软硬不吃，父母也对我无计可施了。

班主任也渐渐识破了我经常请假的阴谋，他有些恨铁不成钢，找我谈了几次心，苦口婆心地劝说我浪子回头，但是，早已病入膏肓的我哪里还能听得进老师的一句话呦！于是照旧我行我素着，学校成了我稍作停留的驿站，我每天至少要逃一节课，否则的话就觉得浑身不舒服，有时心情不好或者“有事”的时候几天不见踪影都是极有可能的。

上课的时候，我从不认真听讲，最多是在下面干自己喜欢的事情，写写日记、涂涂抹抹文章什么的，完全凭着自己的兴趣而来，没有丁点的计划可言，我也知道，现在的自己已经成了一棵烂草，无论如何也扶不上墙了。

有一次班上举行集体班会，畅谈将来的理想，有的同学说要当科学家，有的同学说想当教师、哲学家，不一而足。轮到我上讲台的时候，我很坦白地说这辈子不能没有钱，没有钱的话就不能生存，就没有自尊，所以将来我一定要挣很多很多的钱，这样才活得有滋有味！……听了我的歪论，下面的同学哄笑一片，老师也乐了。

我知道他们觉得我粗俗，可我也无所谓，谁能禁止我崇拜金钱？我喜欢钱又没有犯罪，没人管得着。

这样的生活虽然“舒服”，只是偶尔也会让我觉得有些空虚寂寞。

有一天，班主任老师突然将我叫到办公室，递给我一封信，信是杂志社编辑部寄来的，我怀着一颗激动的心情，当着老师的面撕开了那封信，样刊随即露了出来，这是我发表的“处女作”，其实那篇文章是我一年前投寄出去的，一直杳无音讯，我早就对它没抱任何希望了，没想到现在居然中稿了，真是让我有些喜出望外。

班主任浏览了一下我那篇公开发表在杂志上的文章，鼓励我说：浩，你小子行啊，知道吗？你是咱们班第一个发表作品的学生，老师祝贺你！

老师的口气很随便，像哥们儿似的开玩笑说：“王浩，你的文章我看过了，文笔很好，以前的作文也都写得不错，我觉得你在这方面很有天赋，也许你呀，将来可以尝试做自由撰稿人！”

见我满脸的迷惑不解，班主任接着开导：“你可别小看自由撰稿人啊，我最近看了一本书，叫《只露一半——中国枪手生存实录》，从这本书中我了解到了在北京做自由撰稿人的文学写手还不在少数呢，如果干得好的话，照样能挣大钱……”

那天上语文课的时候，老师还特地在班上将我发表的那篇文章念了出来，听着老师声情并茂的朗诵，我感到心潮起伏。

说实在的，我已经很久没有受到过老师的关注了，更别说表扬了，此刻老师的话在我的心里激起了巨大的涟漪：是啊，虽然我的成绩不算好，但是三百六十行，行行出状元，我还可以尝试在别的方面突破嘛，而写作正是我的强项，我何不尝试尝试呢？老师的那句并不经意的话恰恰为我指点了一条明路。

此后，我有意培养自己的写作兴趣和能力，经常向外面的报刊投稿。刚开始的时候虽然命中率很低，但我并不泄气，反而越挫越勇，一次次的鼓励自己继续下去。投稿中稿的过程中，写作的艰辛，等待的煎熬，成功的喜悦彻底地改变了我的精神面貌，我在反复的写作和尝试中，竟然在无意间与从前的哥们和那个花花世界疏远了，自己却浑然不觉。

不过，即便如此，我还是让父母觉得很失望，因为我的学习成绩彻底落下来了，现在已经到了高三最后冲刺的紧要关头，是不存在奇迹出现的可能性了。我想即便考不上大学，我还可以到北京做自由撰稿人嘛！

高中毕业后，意料之中的，我落榜了，父母觉得很沮丧，他们最大的期望就是希望我能够完成他们未尽的事业，实现考上大学的梦想，而我恰恰令他们的希望破灭了。但说实在的，面对落榜，我并不悲哀，而是只身一人闯荡京城，当起了自由撰稿人，开始了艰辛的创业之路。

虽然创业伊始，我也曾犹豫过，甚至像别人一样怀疑过，但我一直坚定的信奉着鲁迅先生说过的一句话：地上本没有路，走的人多了也便成了路。我想，即便没有路，凭借着自己的努力，我也可以开辟出一条属于自己的路来！

虽然艰辛的异乡生活让我有所煎熬，甚至几次动过卷起铺盖回老家的念头，但我为了实现自己的梦想，为了留得那张薄薄的脸皮，最终还是下定决心，在自由撰稿人这条道路上扎扎实实地走了过来。今天的我，已经出版了6本书，算是小有成就了，但我的梦想并未就此停止，我还要继续向前奋进，实现我的理想人生！

金钥匙

浩的迷失显然在于自己住校读书后与父母缺少沟通，而父母企图用物质替代精神的育儿之道更是将王浩推入了一个成长的泥潭。但是浩的人生并没有由此暗淡下去，因为老师的一句“点拨”让他从此走上了个性人生的阳光大道。很难想象，换了别的老师，浩会有怎样的一个未来！

敏，某重点中学高一年级学生，品学兼优，曾因父母离异，一度步入歧途。

老师的话给了我尊严

听了老师的话，我的脸更红了，说实在的，这段日子无聊而荒唐的生活，已经让我的内心感到了深深的厌倦，老师的话更是触发了我对往事的思考，这堂特殊的班会也让我找回了难得的尊严，让我尝到了集体的温暖。

小时候，我与自己年龄相仿的女孩子一样天真活泼，喜欢唱歌跳舞，尤其是有人来我家做客的时候，我就会变得格外的活泼，现在想来，我根本就是个表现欲望非常强烈的人，确切地说，我害怕孤独，喜欢热闹。

谁都希望自己生活在一个温暖、美满、幸福的家庭里，可我却是在爸爸妈妈没日没夜、随时随地的争吵的环境中长大的。我妈妈是个漂亮的女人，她今年已经 38 岁了，但是容貌、身材、气质，绝对想不到是 30 岁的女人，甚至可以这么说，她比一般的年轻女人还要迷人，浑身带有一种南方少妇特有的丰腴与性感。很多见过我妈妈的人都说，瞧瞧人家，那才叫女人！

以前我年纪小，只知道自己的妈妈好看，每次和妈妈一起上街，那些男人都看她看得忘记了走路。后来我渐渐地大了，也终于明白了男人到底是怎么一回事儿，回过头来再看，才觉得妈妈的美丽与诱惑对于男人来说，是绝对具有杀伤力的。相反，我爸爸却是个其貌不扬的人，他比我妈大 11 岁，长着一脸的大胡子。除了爸爸是个成功的企业家有许多钱以外，他凭什么能把我妈妈娶到手，至今还是一个让很多人感到好奇和猜不透的谜。我妈绝对不是一个贪图钱财的女人，她们家就她这么一个女儿，根本就不缺钱花，所以她不可能为了钱而下嫁给我爸。不过从我记事儿开始，就不断听许多人说，我爸爸妈妈的婚姻是长不了的。后来终于被那帮乌鸦嘴不幸言中了。

父母婚姻的破裂，缘自妈妈有了外遇。

当时我就知道妈妈和另外一个男人好了，用我爸爸的话说，是我妈妈要给我换一个爸爸。我那时候听了这话还又哭又闹的，谁没事儿闲得换爸爸玩儿啊！对此，我妈并不解释。可我奶奶却是个典型的小脚老太太，成天啰啰嗦嗦地说我妈天生就不是个好货。她这么说，我还是不能明白，只知道后来有个身材高大、肌肉发达、仪表堂堂的有钱男人常常来找妈妈，觉得好奇怪。

之后，爸爸和妈妈总是在半夜里吵架。一般是晚上睡觉之前还好好的，妈妈依偎在爸爸的怀里甜甜蜜蜜地看电视。后来他们关灯哄我睡觉了，我也什么也不知道了。但到了半夜，我还是被他们的吵架声惊醒。吵架的开始先是妈妈小声地埋怨，爸爸再低三下四地哀求。后来声音就越来越大了，根本不顾及我的存在。最后总是妈妈胜利了，爸爸捶胸顿足地扇自己的耳光，然后灰溜溜地到外屋沙发上睡去了。

奶奶听到争吵声，忍不住在隔壁的屋里破口大骂，说我妈是个骚货，前辈子是窑姐儿生的。那段时间受父母影响，我夜夜做噩梦，生怕他们丢下我不管，白天则精神恍惚，无法学习。

那年冬天的一个下午，我上初一，因为刚开始“倒霉”不久，肚子疼痛难忍，所以就请假回家了。

回到家后，我却看到了自己本不应该看到的一幕——妈妈和一个同样一丝不挂的男人在床上火热地翻滚……

虽然那时候我不过 12 岁，可男女之间的事儿多少还是知道一些的，我知道妈妈在干那种事，而且是不正当的，因为那个男的不是我爸爸。我被吓得大声喊叫，结果引来了我的奶奶……家里由此闹得不可开交。

爸爸妈妈终于离婚了，我因为使妈妈的奸情暴露，被法庭判给了爸爸。离婚判决下达那天，我是流着眼泪望着妈妈离我远去的。从此，我幼小的心灵留下了难以填平的感情鸿沟。我曾经下定决心把希望寄托在爸爸的身上，想依靠他的抚养长大，再尽一个女儿应有的孝道，伺候他的后半生。可是很快，我却惊讶地发现这种想法是多么的不现实。

没过多久，爸爸与一个年轻的外地女孩混在了一起。那个女孩虽然年轻漂亮，却一看就不是个好东西。她一门心思地向我爸爸要钱要东西，我总是提醒爸爸别上了那个狐狸精的当。那个女孩也看我不顺眼，一有机会就在我爸爸面前说我的坏话。以前我爸爸对我是非常好的，可自从那个女孩一来，情况完全变了，爸爸开始偏听偏信，甚至打我骂我，不给我饭吃。

有一次我回家晚了，那女孩儿竟然对我爸爸说我是去找男人了！爸爸竟然不分青红皂白将我狠狠地毒打了一顿，还骂我和我妈一样是个专找男人骑的贱货！个性倔强的我受不了这等冤枉气，哭着跑出了家门。

那次离家出走以后，我认识了一个 25 岁的男孩子（他比我整整大 10 岁），他叫张书桥，对我特别好，见我受了委屈，二话没说，立即给我找了个住的地方，还给我买了几件衣服，安慰我不要伤心，我把他看成自己的亲人一样信任，妈妈不要我，爸爸打我不喜欢我，只有他让我感觉到了一点难得的安全感，我扑在他的怀里放声大哭了起来，在心里把他当成了自己的大哥哥。

几天后，爸爸找到了我，将我接回了家，对我好了一段时间。后来那个女孩又屡屡挑事儿，爸爸依旧无条件地相信她的话，又打过我几次，我对爸爸彻底绝望了，就再也不想回那个家了。

失去家庭温暖的我彻底厌烦了爸爸的那个家，对上学也失去了兴趣，经常旷课，在外面四处游荡。

有一天，居无定所的我又找到了张书桥，他倒是很高兴我的到来，安慰我说，像我这样的漂亮女孩是绝对不愁吃喝的。于是，我心安理得地成天和他待在一起。张书桥高大健壮相貌英俊，平时也不上班，却从来不缺钱花，小小年纪的我根本就没想过那么多，管他是干什么的，人家就是有本事！

张书桥住的地方很宽敞，每天都有不少浓妆艳抹的女人出出进进的。她们好像都很怕他，老是塞钱给他，我觉得有些奇怪，但又不便问什么。

我和那些女孩逐渐混熟了，也渐渐明白了过来，原来那些浓妆艳抹的女人都是坐台小姐，她们靠出卖自己的肉体维持生计，张书桥入了黑帮，是她们的保护伞，所以她们都要孝敬他。有个女人还酸酸地对我说："小妹，你比我们可要幸运多了，我们还要出去招待客人，你却只要在家陪着张大哥，人跟人的命运就是不同啊！"

说实在的，我也知道做小姐是不对的，可我觉得她们的心地并不坏，时间一长，我竟然习惯了她们的职业，不再大惊小怪的了。

不知道从哪一天开始，张书桥什么也不避讳我了，他竟然当着我的面儿与那些女人们搂搂抱抱的，还放肆地把手伸进她们的衣服里乱摸，我顿时觉得脸红得发烫。张书桥见状，乘机花言巧语地"开导"我。终于有一天，他把我半哄半骗地弄上了床……

有了第一次，我也便司空见惯不以为然了，一边吃喝玩乐，一边陪他乱搞。在张书桥的引诱和那些女人的影响下，我一步一步地陷入了对金钱和物质的享受以及肉体刺激的极度追求中。

有一次张书桥喝多了，我们躺在床上，他竟然没心没肺地对我说，让我出去招待男人，新鲜刺激几天，顺便挣点钱花花，听了他的话，我的脸一下子阴沉下来了，他怎么能让我像别人一样去做小姐呢？这种话居然也说得出口！

见我生气了，他哄我说这不过是开玩笑罢了，这件事从长计议好了。听了他的话，我的心情才稍微好了一点。然而，没过多久，发生了一件事，使我跟张书桥的关系彻底闹僵了。

有一天晚上下自习之后，我走路回家（我家离学校很近，是走读生），走到一条偏僻小道时，突然听到旁边的草地里有个女生在喊"救命"，我不顾危险，鼓起勇气拿起手电筒照了过去，不照不要紧，一照吓一跳，正在施暴的竟然是张书桥，而被他撕烂衣服压在身下的竟然是我的同班同学小张，我嘴里骂了一句"畜生"，就冲了过去。

我气不打一处来，对准他的嘴巴就是一巴掌，骂了一句："滚！"也许是担心被人抓住吧，张书桥只得灰溜溜地逃走了。

随后，我将小张从地上拉了起来，看着她那副惊慌失措的可怜样儿，着实有点于心不忍，随即安慰她说："喂，你没事吧！"

小张哇哇大哭了起来。

出于同学道义，那天晚上我将小张送回了家，她的父母对我千恩万谢，说如果不是我挺身而出，今天小张可就……小张父母的盛情弄得我非常不好意思。说实在的，我并不是刻意想救小张，只是对张书桥这家伙一时之间过于气愤罢了！

更让人没想到的，第二天上午第一节本该是班主任的数学课，却被临时改成了班会，老师当着全班同学的面，神色凝重地将昨天晚上我搭救小张的事情讲了出来，随后让大家参与讨论。

我一下子成了全班关注的焦点，大家七嘴八舌地起来说我见义勇为，不顾个人安危……我一下子被吹上天。

说实在的，本来做这件事时，我的动机并没有这般伟大，他们这么一分析，倒让我红了脸，觉得有些不好意思了。很长时间了，我没受过同学们关注和老师表扬了，今天一下子受到这么多的溢美之词，顿时让我觉得有些惶恐。

最后老师上讲台总结说："敏同学见义勇为的事迹值得大家好好学习，但我希望她能将自己的学习成绩搞上去，那样就更好了！……"

听了老师的话，我的脸更红了，说实在的，这段日子无聊而荒唐的生活，已经让我的内心感到了深深的厌倦，老师的话更是触发了我对往事的思考，这堂特殊的班会也让我找回了难得的尊严，让我尝到了集体的温暖，我觉得这比与他人不明不白地混在一起要强多了。

后来，老师又将这件事上报到了学校，学校又对我进行了嘉奖，校长还特意在全校大会上提到了我的名字，这着实有些让我受宠若惊。面对老师的温暖和关怀，我暗暗在自己的心中下定决心，要永远的告别那种暗无天日的生活，从此走在阳光之下，快乐健康的成长。

我下决心不再与张书桥等不三不四的人来往。张书桥也来找过我两次，向我道歉，希望能与我重新和好，但我一看到他那张丑恶的嘴脸，就觉得厌恶，特别是每次说几句话后，他就要向我提出那种要求，更是让我从内心深处升腾起一种本能的反感。我看透了他，他只是把我当成泄欲的工具，从来没有想过要好好待我，我为他所做的一切其实都是愚蠢无知的，他留在我身上的污点是我一生都无法抹去的。我还小，我不能毁了自己的一生！

我不再去想那些沉痛的往事，我的成绩也渐渐有了起色。

可就在此时，和我爸同居的那个女孩突然什么也没说就离开了爸爸，她找到了更好的归宿，跟一个与她年龄相仿的小白脸私奔了，临走前还“借”走了爸爸五千块钱。

望着爸爸颓丧的神情，我安慰他，让他不要伤心，就让一切随风而去，我们父女二人重新开始吧！听了我的话，爸爸难过地哭了。

经过了两次婚变，爸爸也有些看破红尘了，他决定不再娶老婆了，而将精力花在我的学习与生活上，这让我好不感动。

时间一天天地过去，我的学习成绩也随之扶摇直上，我终于成了老师眼中的好学生。

进入高中，融入全新的环境之中，我变得更加自信了，我真的有一种劫后余生的感觉。

想当初，如果没有那次特殊的班会，没有班主任老师由衷的赞扬，我怎么能够找回自己，怎么能够走上正途呢？真的要好好感谢班主任老师！

金钥匙

一次动机并不伟大的“见义勇为”却受到了老师的一番表扬，这给敏同学的意义却是深远的，因为她由此一步步走出了歧途，获得了新生。从这件事情中，我们不能不承认赞扬和赏识的魔力。我想：再坏的孩子都是有好的一面，如果让孩子生活在尊重与快乐之中，她就不会无缘无故的糟蹋自己；如果孩子生活在温暖与关怀之中，她的心态也会随之变得平和起来……作为一名老师，对待自己的学生要一视同仁。再“差”的学生做了好事都应该受到表扬，反之，再“好”的学生做了错事都该受到批评。

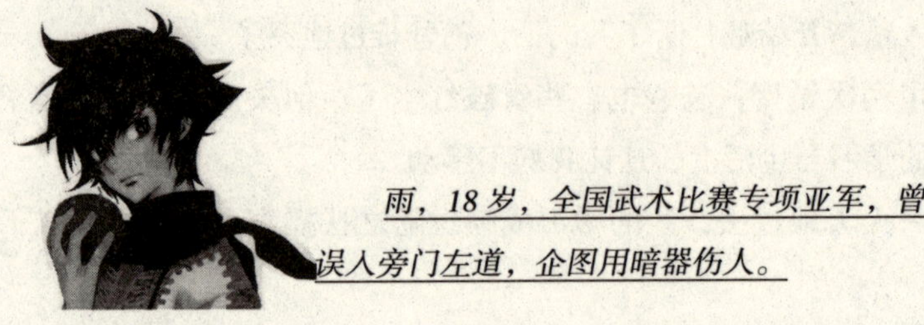

雨，18 岁，全国武术比赛专项亚军，曾误入旁门左道，企图用暗器伤人。

老师的品德感染了我

去年，经学校选送，几经角逐，我闯入了全国武术比赛决赛，并取得了专项亚军，站在领奖台上的那一刻，我激动地流下了泪水，如果不是武术老师以其崇高的品质教育了我，我恐怕早已酿成了不可收拾的大祸，根本不可能有这般幸福的时刻。

我家祖籍江西，父亲在广东打工已有10年的历史了，我们全家也随之在广东安定了下来，爸爸搞装修，妈妈在一家广告公司里做后勤，日子倒也过得顺当。

爸爸因为从小个子小，受人欺负，为了让我学会保护自己，不再受人凌辱，他毅然将我送入了郊区一所文武兼修的武术学校，希望我能够好好学习，将来能文能武，为家人争光。

在学校里，虽然我的学习成绩不怎么样，但是武术基本功却练得很是扎实，这让我觉得很满足。我一直觉得学习不好没有关系，考试时抄抄也就得了，到了武术学校，当然应该以习武为主了。

但是，因为我是外地人，听不懂广东话，与别的同学交流起来很困难。加上我操着一口“纯正”的外地口音（我的普通话也说得不好），自然受到了别人的排斥，当地的学生经常合伙欺负我，可我只能敢怒不敢言。

譬如说，我们一起踢足球吧，本来是项很健康的运动，但是他们让我参加却是别有一番用心的。有一天，我应邀参加一场足球赛，正当我积极跑位，准备接应队友的时候，没想到就在回头的瞬间，脑袋大的足球竟然急速地朝我脸上飞来。还没等我反应过来，足球已经重重地砸在了我的脸上，半边脸都麻木了，满嘴都是血，但我没有哭，只是捂着嘴巴朝学校食堂里的水龙头奔去，肇事者在我的身后笑着喊道：“嘿，哥们儿，实在对不起哦，我不是故意的！”

其他的同学也像看猴把戏一样地瞧着我，没有半点怜悯与同情，我却委屈得什么也不能说。

在学校的日子里，我几乎每天身上都带伤，有时候甚至弄得鼻青脸肿的，回到家后，妈妈心疼地问我怎么弄成这样？明明是受了别人的欺负，我却若无其事地掩饰说：“没事，不小心磕的！”

听了我的话，妈妈不无心疼地埋怨爸爸：“都怪你，当初送孩子去什么武术学校，多遭罪啊！”

爸爸不以为然地说：“不吃苦中苦，哪有甜中甜？只有从小锻炼他的意志，将来才能够成材，你一个妇道人家，懂什么？”

……

不过，说实在的，我是个性格很倔强的人，依照我的本性，怎能容忍别人这样欺负我，可现在的情况是，敌强我弱，好汉不吃眼前亏。要想与别人抗衡，除非自己尽快变得强大起来!

为了使自己尽快变得强大，好让别人没有办法欺负我，我在武术课上更下功夫了，每天都起得特早，不是练习跑步，就是研究刀枪剑棍，但是这种进步是细微的，如何才能在最短的时间之内，找到有效的克敌制胜的妙招，一时间成了我苦苦思索的难题。

那段时间，同学们都流行看武侠小说，金庸、古龙、梁雨生的小说迅速在班上传阅。

看完武侠小说，大家还想象出各种各样的招式当着众人的面儿比画一番，譬如什么降龙十八掌、点穴大法啦等，个个乐得合不拢嘴的。我也被卷入了这股潮流之中，但我最喜欢的却是古龙笔下的李寻欢，他最擅长的武功是“小李飞刀”，其飞刀以速度快、下手准闻名江湖，我对这门杀人于无形的武器很感兴趣，觉得那玩意儿太厉害了。想到这里，我灵机一动，心里有了制服“敌人”的谱儿了。

说实在的，一般武侠小说里的功夫都是假的，唯独飞刀这门兵器可以无师自通，谁都可以尝试尝试，我心想：若是将这门绝技学到手的话，自己岂不是“天下无敌”了么？那以后谁还敢欺负我？想到这里，我觉得格外的兴奋。

终于有一天，我在一家经营文具的商店里看到了可供做武器使用的飞刀，我想象着在刀柄上缠块红绸布，“唰”的一声掷将出去，对方准会“啊”的一声倒在地上，那该多神气啊!

可是飞刀很贵，几十块钱一把，我买不起，只得怏怏而回。此后，我一边省吃俭用地攒钱，一边关注着飞刀的去向，生怕飞刀被别人买去了。我终于凑齐了足够的钞票的时候，发现自己需要的东西居然还在，心里悬着的一块石头才终于落下来。

飞刀买回家之后，我很爱惜，自己还特地制作了两块红绸布，在绸布上用毛笔写下自己的姓氏——一个大大的“夏”字做记号。面对自己的杰作，我觉得很是得意。

我们学校后面有一片郁郁葱葱的竹林，四周绿水环绕，环境清幽，平时少有人去，而这恰恰成了我练习飞刀的绝佳之地，我将竹子当目标，轻轻瞄准，飞刀瞬间脱手而出……

刚开始的时候，我经常打不中目标，飞刀飞出老远，落在枯叶里，半天找不着，后来练习的时间长了，我渐渐有了感觉，飞刀一次次的击中目标，我的心里也随之一阵阵狂喜。

我在心想暗想：我扬眉吐气的时代已为期不远了。

然而没过多久，我却“闯祸”了。那天，我在食堂里打饭，有个比我矮了一头的小家伙居然闪到我的前面想插队。其实，打饭插个队也没什么的，但他连个招呼都不打，这让我很是生气，看来这家伙完全不把我放在眼里。

我没好气地提醒说：“请你到后面排队去！”

他从鼻孔里哼了一声：“老子就要排在你的前面，怎么着？乡巴佬！”

看来我平时里被人欺负惯了，这家伙也想在我的头上拉屎拉尿了，但这回我却偏偏不让，我不想欺负人，但我也要为自己讨得尊严，我立即将负责维持秩序的值班老师招呼了过来，说明了情况，值班老师将他揪出了队伍，他一边走一边还在骂骂咧咧地威胁我，让我走着瞧。

我以为那家伙不过是为了在人前斗斗狠，挽回一点面子而已，然而让我没想到的是，他还来劲儿了，这下麻烦真的找上门来了。

原来他在学校有靠山，难怪这么有恃无恐。当时，他的哥哥也在我们学校，比我们高两个年级，属于大孩子了，听说武功不错，是孩子王。得知自己的弟弟受人欺负，特别听说对方是外地人之后，他的哥哥更生气了，决定要见识见识我的庐山真面目。

有一天晚上，我正在教室里做作业，忽然从前排传来一封信，我觉得很奇怪，不知道他们在搞什么名堂，没想到那封信的信封上居然写着“挑战书”三个大字，同学们知道我闯祸了，这下有好戏看了，全都拿出别样的眼神看着我。但我却显得分外的冷静，拆开信后，我随即也明白了一切，信是小家伙写给我的，大意是某年某月某日某时，约我在竹林里比武，解决一切私人恩怨。

看着信，我忍不住笑了，他以为自己是霍元甲啊，搞得跟真的似的，还下战书，丢人现眼的！我一把将“挑战书”扔进了垃圾篓里，当即下定决心应战。

要说，硬拼我肯定不是那小子和他哥哥俩人的对手，人家比我大那么多呢！何况二比一，敌众我寡，没有赢的胜算，只能依靠独门暗器，叫他们知道我的厉害了。

离“比武”的日子还有大约一个星期的时间，我加强了飞刀练习，渐渐到了出神入化的地步。

但长期“钉”竹子也让我觉得有些无聊，有一天练完飞刀，我到池塘边散步，忽然发现池塘里有很多青蛙在不停地聒噪。我心想，这些家伙整天在叫，也够烦的，干脆给我当作靶子算了。

第二天来练功的时候，我顺便带了一个网兜和几根细绳来，我抓了几只青蛙，将他们的腿系上绳子，吊在竹枝上，青蛙使劲地蹬着小腿，叫我无法下手。但我凝神屏息，只见飞刀出手，“哗”的一声，青蛙被我牢牢地钉在了竹子上，连内脏都流了出来。

青蛙死得很惨，但我的心里却涌涨起一股特别的快意，我将飞刀从竹子上拔出擦拭干净，得意地笑了。那天，七八只青蛙全都丧生在我的刀下，我仿佛看到了他们哥俩的肚皮被我锋利的飞刀刺穿的情景，心里觉得很过瘾。

眼见着比赛的日子越来越近了，我也对自己的飞刀技术更有信心了。

比赛前一天，有节武术课，老师让我们捉对练习摔跤。我长得瘦，偏偏遇上了一个大胖子，他的力气很大，站在地上跟生了根似的，我根本就不是他的对手。一次次的被对方摔倒在地，让我觉得很沮丧，从地上爬起来之后，还没等老师鸣哨宣布新一轮的比赛开始，我突然抬起脚来朝着胖子的屁股狠狠踹了过去，胖子防备不及，中了我的阴招，一下子扑在了地上，头朝下，做出猪拱地的姿势，弄得满嘴是泥，样子相当滑稽，我忍不住咯咯地笑出声来。

这时，武术老师走了过来，将胖子从地上拉了起来，铁青着脸批评我：“夏雨，你这是在干什么？干嘛在上课的时候趁人不备使坏？我教书教了这么多年了，也没见过在课堂上像你这么干的！我跟你们说过多次了，做人要光明磊落，做事要无愧于心，你父母将你送来学武是为了什么？学武是为了强身健体，学武也是为了修身养性，只有讲究武德，将来才会有出息，你这样暗箭伤人，迟早是要出事的！”

老师的训斥，让我惭愧地低下了头，特别是“光明磊落”四个字更是深深地刺痛了我的心，老师的话一次次回荡在我的耳边：“你这样暗箭伤人，是迟早要出事的！是迟早要出事的……”想到明天的比赛，想到手中的暗器，我的心情一下子变得很低落。

使用飞刀和在背后踢人屁股的本质是一样的，无非是趁人不备偷袭罢了，同样不符合游戏规则，而且飞刀的危险性更大，若真的出手，还不一定会造成什么样的后果呢！说不定，他们哥俩也像那几只青蛙一样，一命呜呼了呢！想到那鲜血淋淋的场面，我忍不住浑身打战起来。

老师的话最终让我放弃了使用飞刀的计划，我一下子幡然醒悟过来，即使明天我被别人打趴下了，我也认了！

比武的时刻很快就到了，我只得硬着头皮去参加，竹林四周已经聚集了不少来看热闹的学生，他们打着呼哨等着看好戏呢！

我走上前去，那个喜爱闹事的小家伙走上前来，轻蔑地对我说：“呵，你小子胆儿还真不小啊，没想到敢单刀赴会，我还以为你准备做缩头乌龟呢！”

我脸上的肌肉弹了弹，没有作声。

小家伙先跟我过招，他自然打不过我，我使出浑身的功夫，很快就将他制住了，然后，拍拍手上的灰尘，将他放了回去。

正在这时，人群里走出一个戴墨镜的高年级学生来，他扮出酷酷的样子，摘下墨镜，递给小家伙，然后对我说：“呵，功夫练得不错啊，让我跟你过几招吧！”说完，就奔我而来。

弟弟不行，哥哥出场，敢情这是打车轮战呢！

那家伙的招式凶狠淋漓，我渐渐有些招架不住了，正在我处于劣势，对方的拳头将要落在我的头上的时候，猛然间四周突然变得一片肃静，那个悬空的拳头竟然没有落下来。我觉得很奇怪，怎么回事？扭头一看，武术老师正站在我俩中间，他用力捏住了对方的手腕，稍稍使劲一推，对方立即退出了三米开外。

原来，武术老师听说我们比武的事，担心出事，于是连忙赶了过来。

我以为老师会训斥我一顿，但他却什么也没对我说，反而让我回家了，却将那两个家伙狠狠地批评了一通……

我的心里很是感动，主动找到老师，承认了自己的错误。老师坐在我的对面，表情平和地看着我说：“你明白自己错了就好，我跟你们说过多次，要练武先做人，只有品德高尚才无愧于尚武精神，否则的话，会危害社会伤及他人。所以，无论何时何地，做人都要光明正大，你懂了吗？”

我点了点头。是呀，做人只有光明正大，才能心安理得无愧于自己和他人。想起自己曾经做过那么多的错事——考试作弊、跟父母撒谎，甚至武术课上耍阴招，课后练暗器……我分明是个不懂事的浑小子嘛！从那以后，我牢牢记住了老师的教诲，光明正大的做人、做事，即使吃亏也要坚持自己的原则，我的真诚和正直很快就赢得了别人的尊重。

而老师们见我乖巧有悟性，也都愿意将自己的拿手本领教给我，几年的武校生活使我的武术大有精进，也锻炼了我的意志，使我变得更加成熟了。

去年，经学校选送，几经争逐，我闯入了全国武术比赛决赛，并取得了专项亚军。站在领奖台上的那一刻，我激动地流下了泪水，如果不是武术老师以其崇高的品质教育了我，我恐怕早已酿成了大祸，不可收拾，根本不可能有这般幸福的时刻。

金钥匙

武术老师的教学宗旨很明确，学武不是为了争强好胜，不是为了恃强凌弱，而是为了强身健体。要学武功，先学做人，只有做人做事光明磊落，才能在武术上达到更深的造诣。这样的理念比教给学生真正的武功要重要得多。所以说雨是幸运的，他遇到了一位好老师，是他的老师引导他走上人生的光明大道，成为一个对社会有用的人。